John Hartley

Grimes's Trip to America

Ten Letters from Sammywell to John Jones Smith

John Hartley

Grimes's Trip to America
Ten Letters from Sammywell to John Jones Smith

ISBN/EAN: 9783337149024

Printed in Europe, USA, Canada, Australia, Japan

Cover: Foto ©Andreas Hilbeck / pixelio.de

More available books at **www.hansebooks.com**

GRIMES'S
TRIP TO AMERICA

BY
JOHN HARTLEY.

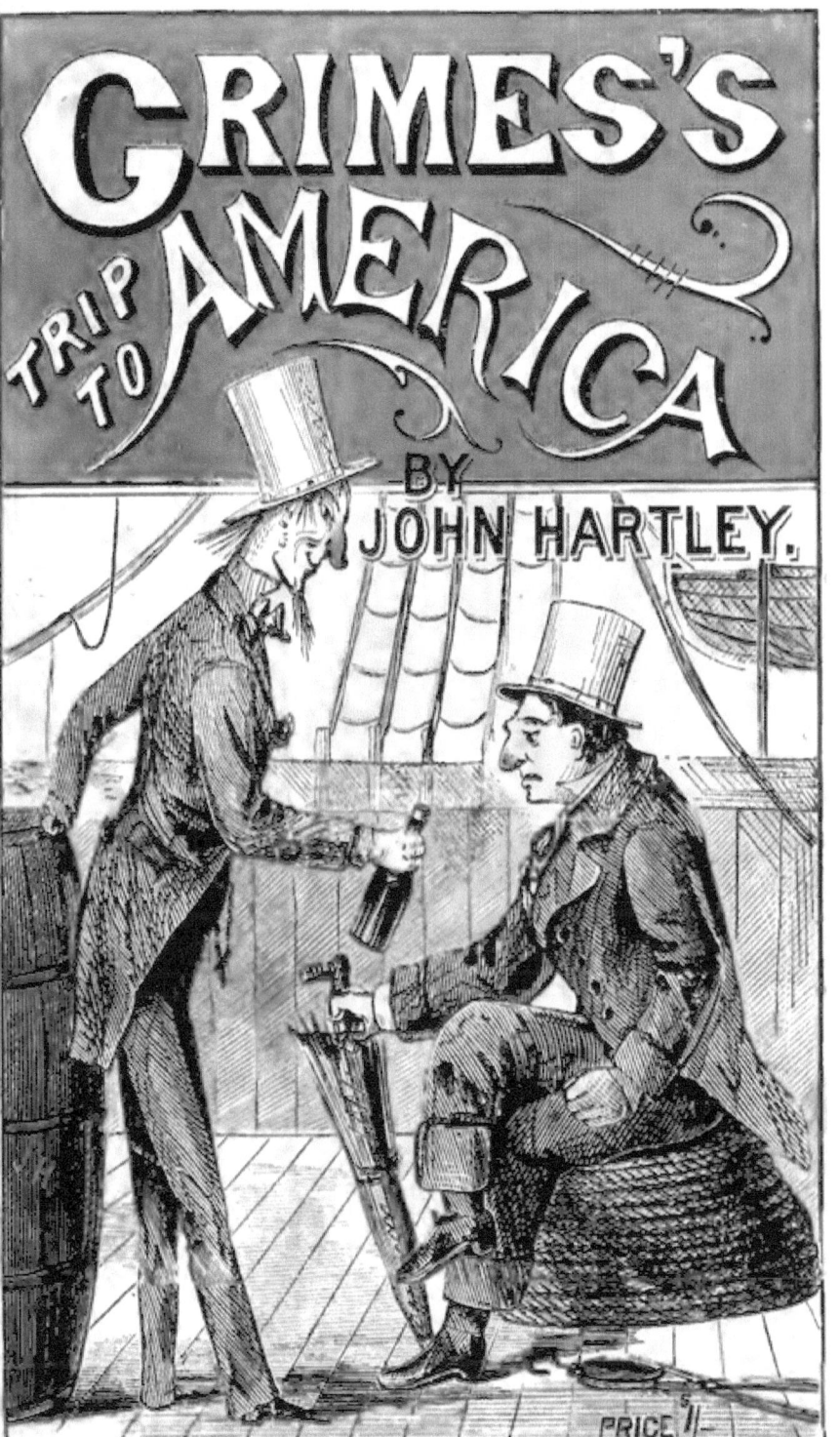

PRICE 1/-

Grimes's
Trip to America.

GRIMES'S
TRIP TO AMERICA

TEN LETTERS

FROM

Sammywell to John Jones Smith.

THIS IS FRIEND GRIMES'S SECOND TRIP, "BUT WHETHER
I SHALL PROCEED WITH HIS ADVENTURES IS
DEPENDANT ON THE PUBLIC ALTOGETHER;
WE'LL SEE, HOWEVER, WHAT THEY SAY TO THIS,
THEIR FAVOUR IN AN AUTHOR'S CAP'S A FEATHER,
AND NO GREAT MISCHIEF'S DONE BY THEIR CAPRICE,
AND IF THEIR APPROBATION WE EXPERIENCE,
PERHAPS THEY'LL HAVE SOME MORE ABOUT A YEAR HENCE."

Byron.

BY JOHN HARTLEY,

AUTHOR OF "YORKSHER PUDDIN'," "SEETS I' LUNDUN,"
"YORKSHIRE DITTIES," "CLOCK ALMANACK," &c.

LONDON:
W. NICHOLSON & SONS,
26, PATERNOSTER SQUARE, E.C.,
AND ALBION WORKS, WAKEFIELD.

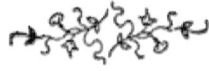

This Little Book I Dedicate to

"Ananias,"

WITH KIND REGARDS AND BEST WISHES
FOR THE SUCCESS OF HIS COMING
LECTURING TOUR IN
ENGLAND.

SAMMYWELL GRIMES.

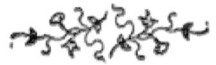

Bradford, 1877.

Grimes's Trip to America.

Sammywell's Letters to John Jones Smith.

No. 1.

LIVERPOOL, T'day after Yesterday.

OLD FREND SMITH,

Tha'll be capt when tha gets this letter an' finds
at awm at Liverpool, but tha willn't be hawf as capt
as me. Awm in a bonny pickle this time, lad; aw
thowt when aw wer' wi' thee, sailin' up an' daan
t'metrolopis 'at sich like gooins on couldn't last long.
It 'ud ha' been a deeal better for me if t' "Seets i'
Lundun" had ne'er been seen, for somha or other
aw've nivver been able to settle daan as aw owt to do
sin' aw com' back. T'maister tell'd me t'other day
'at he thowt it 'ud seem me better to pay moor atten-
tion to my wark an' leeave letter writin' to mi'
betters, sich as him, an' t'ovverleuker an' me couldn't
hit it, an' when aw grum'led this mornin' becoss
aw'd getten a rotten warp 'at noa chap livin' could

ivver weyve, he tell'd me 'at if aw' didn't like it aw could lump it. Soa aw tell'd him to ax me aght, an' aw'd goa, an' nivver put mi nooas i't' shop agean. Soa he did, an' for t'first time i' mi life aw walk'd throo t'streets wi' mi hands i' mi pockets, aght o' wark.

Aw could ha getten ovver that, becoss tha knaws a'wm nooan withaat a paand or two, but when aw gate hooam an tell'd awr Mally, expectin' 'at shoo'd clap me o' t' shoolder an' say "Come thi ways! Tha did reight lad! We'll let 'em see tha'rt nooan to be put on," shoo lewkt at me as faal as a mewl an' sed, "It's just what aw expected, for ther's nivver been noa livin' wi' thi sin tha coom throo Lundun, an' my belief is, if tha had ony sense when tha went tha lost it afore tha coom back."

"Well," aw says, "aw dooant knaw 'at aw'm altered mich, but tha sees aw've leearn'd summat wi' gooin away."

"Tha's gain'd a lot o' knowledge reight eniff," shoo sed, "but if all tha knaws wer' i' t' *Yorksher Pooast* an' all tha doesn't wer' i' t' *Bradford Obsarver* aw've a gooid idea which 'ud be t'biggest paper."

"Nivver heed," aw sed, "just give us a bit o' cheese an' breead an' a drop o' hooam brew'd."

"Tha'll get noa breead an' cheese here, nor hooam brew'd nawther," shoo sed, "it's time enuff to tawk abaat eytin' an' drinkin' when tha's been workin', an' tha willn't hev awther bite or sup i' this haase wol tha's gooan an' begged on ageen, or else getten another shop."

"Well," aw thowt, "this is comin' it rayther too strong, soa aw says, "If tha doesn't gi' me some cheese an' breead aw'l goa whear aw can get some, if aw have to goa to America for it, as sewer as my name's Sammywell."

"Ay, aw wish tha wod," shoo sed, "it 'll be t'happiest day o' my life when aw know thar't gooin' across t'salt seah: but tha hesn't pluck enuff for that."

Aw tewk up mi hat an' started aght; an' as aw happened to have t'bankbook i' mi pocket aw went to t'bank an' ax'd if they couldn't let me have twenty paand. T'chap lewkt at me for a bit, an' then he went an' whispered summat to another chap, an' off he went, an aw fancied he'd gooan for a poleeceman; but he hedn't, for he comes back in a bit an' brings me four five paand nooats, an' aw started aght feelin' as if aw wer' som'dy.

Aw wor a bit upset i' mi mind at t'time, soa aw called i' one place after another for a drop o' summat short, wol at last aw fan mysen i' t' "Bulldog," an' as ther wer' some jolly company aw kept stoppin' Aw couldn't help laffin at one chap 'at wer' thear. He sed he wor a Lunduner, an' happen he wor, but t'breed's changed sin' he wer' born, unless he belanged to t'neighbourhood o' t'Seven Clock Faces 'at he pointed aght to me. He sed he wer' an artist, an' he tewk a deal o' pains to mak' us all believe soa; but a chap 'at set next to me gave me a nudge, and whispered, "He's nobbut a white-wesher," an', judgin' bi his toppin', aw've noa daat it's true, for aw've awlus thowt 'at if ther' wer' a tax o' hair oil, whiteweshers and plaisterers wod be sure to get off scot free. He'd a wife too—what fooil hesn't? An' he praised her up soa mich wol aw felt sarten ther' wer' a screw lawse somewhear, for when a chap has to advertise his wife's gooid qualities in a public-haase to fowk 'at nivver saw her and nivver want to, it strikes me 'at he wants to mak' fowk believe what he, for one, knaws to be a lie. But shoo must be a varry famous woman, for he sed shoo knew Milton when he kept a grocer's shop, long afore he wrate his "Pair o' dice Lost." Aw sed aw didn't daat it; that didn't mak' him into an artist.

"Did yo ivver see Lord Nelson?" he sed.

"Nay, aw nivver did, but aw've heeard tell on him."

"Why," he sed, "aw'm t'chap 'at executed him."

"Tha owt to be shamed o' thisen if tha'rt t' chap 'at shot him."

"Ye dooant understand me," he sed, "what aw mean is aw painted him, an' if ye'll just come raand t' corner wi' me ye can see it for yersen."

Soa aw went an' a lot moor followed, an' aw saw it wor t' sign ov a public-haase he meant.

" What does ta think o' that ?" he sed.

"Why, aw think tha owt to send it to t' Royal Hackademy, it licks all t'Nelsons aw've ivver seen, for what he's short i' t' arms tha's gi'en him extra i' t' legs, an' if one on 'em is a quarter ov a yard longer ner t' other that's noa fault o' thine : but it's a pity tha had to breyk his ankle to get his fooit in ; they owt to ha' gi'en thi a bit moor raam."

He went away in a tiff and declared aw'd noa taste, an' he were reight if he meant a taste o' that sooart. Aw sed aw wor sorry he'd getten his shirt aght, but a chap sed aw'd noa need, for what he had wer allus aght, an' that wer' nobbut a paper collar.

Aw'd just getten enuff ale an' whisky to mak' me feel as if a gooid deal o' Bradford belanged to me, an' aw thowt, " Nah awr Mally seems to fancy shoo can do just as shoo's a mind wi' me, but shoo'll find hersen mistakken. Shoo thinks aw darn't goa to America, but aw'll show her 'at aw'm net a chap to be dar'd. Aw'll goa if aw've to walk," soa aw set off for t' station.

When aw gate thear aw went to t'ticket office, an' axed for a third-class ticket to America. T' chap crack't aght o' laffin', but when I pool'd aght mi brass he sed, " We can only book you to Liverpool, and then you can buy a ticket."

"Gi'e me one for Liverpool," aw sed ; soa he did. an' tell'd me aw'd ommost an haar to wait for a train. Aw didn't want to goa back into t'taan for fear o' meetin' t'artist, for aw thowt he'd happen tak' a fancy to paint a pictur' o' me, an' awm ugly enuff as it is, withaat him twistin' me ony moor aght o' shape.   Soa, as aw saw t'Victoria Hotel, a place whear aw'd nivver been i' mi life, aw thowt awd just goa in an' see what sooart ov a place it wor. Aw felt rayther queer when aw set daan i' t'smookin' raam, but aw rang t'bell, an' a young chap com' to wait on me.

"Young man, con ye get me a drop o' sherry wine an' a egg in it ?"   "Yes, sir," he sed.

Aw wodn't ha' axed 'em for a egg if they'd tell'd me 'at they had to buy a hen an' wait wol it laid; but aw waited' an' it com' at last.   Aw gave him a shillin', an' he gave me thrippence change.

" Howd on !" aw says : "hah does ta' reckon it ?"

" Sixpence for the sherry," he sed, " an' threepence for the egg."

"Thrippence for a egg at this time o' t' year ! Why, what sooart ov a egg is it ?"

"I don't know, sir," he sed.

"Well, aw'll tell thi—its a eggstortion; an' tha' can tell t' mistress aw say soa."

Aw supt it up, tho' they hadn't put ony sugar in it at that price; an' then aw went to lewk for mi train.   It wer' just ready to start, an' a feelin' com' ovver me as if it worn't reight to goa withaat sayin' gooid-bye to Mally an't' childer, an' aw wer' just on t' point o' shiftin', when a poorter ax'd me if aw

wer' for Liverpool. Aw sed " Ay," and he oppened
t' carriage door, an' seized me bi mi coit collar wi'
one hand, an' a patch 'at Mally had stitched o' mi'
britches wi' t' other, an' he bundled me in neck an'
crop, an' aw set daan on t' top ov a band box 'at
belonged a woman, an' smashed it into a thaasand
pieces.

Afore aw could get up t' train wer' off, an' as t'
woman's maath kept oppenin' an shuttin', an' her een
starin' at me all t' time, aw've a notion shoo wer'
sayin' summat abaat it, but ther' wer' sich a din wol
aw couldn't hear a word shoo sed.

We hedn't goan varry far afore aw begun won-
derin' if it 'ud be possible to buy t' carriage cheap
an' tak' it wi' me, for aw thowt 'at t'Centennial
Exhibition wo'd hardly be complete withaat one.
Aw'm sewer it 'ud ha' capped 'em if aw'd ha' sent it
an' ticketed it, " L. &. Y. Patent Dislocator, Funda-
mental Tenderer, an' Heeadwark Manufacturer."
But aw decided it 'ud be better for me to goa with-
aat a lump o' lumber like that, soa aw tried to sit up
as steady as aw could wol aw gate to t' far end; an'
when aw landed at Liverpool what aw'd suffered had
reconciled me to goa to America or onywhere else
rayther ner risk gooin' back hooam i' sich o' rattlegut
machine as that.

As aw'd noa boxes ner bundles aw walked aght
o' th' station; an' feelin' a bit peckish aw turned
into t' furst cook shop aw com' to an' called for a

plate o' beef an' puttates an a pint o' ale. After that aw felt better, an' started off to mak' inquiries abaat gettin' a ticket for "the Land of the Free." Aw hedn't gooan far when aw com to a lot o' bills at t' door ov a office, an' aw went in an' ax'd t' chap hah mich he'd charge to send a chap like me to New York—"Third class, tha knows, for aw'm aght o' wark."

"Steerage, six guineas," he sed.

"It's a lot o' brass; when does it start?"

"You can leave to-morrow morning at eight o'clock."

"Gi'e us a ticket," aw sed; an' he wrate summut on a piece o' paper, 'at leukt varry like a caanty coort summons, an' handed it me. Aw paid him an' then aw says, "but what's t' name o' t' ship, maister?"

"The *Mary Jane*, she's a beauty."

"Hevn't ye getten one wi' another name," aw sed, for if awr Mally gets to know at aw've gooan away wi' *Mary Jane* shoo'll be war mad nor ivver, an' her bein' a beauty will n't ease her mind ony, for shoo nivver forgave me for sayin' Mistress Smith wor a nice leukin body."

"It's too late now" he sed, "you'll be all right when you get aboard."

"What sooart ov a booard wo'd ye advise me to get, maister?"

He laft, an' sed he nobbut meant when aw gate on to t' ship.

It worn't quite dark, soa aw tewk a walk raand, an' ther's some rare buildin's, but they havn't one like t'Bradford Town Hall. They tell me 'at ther' isn't another tahn i' England 'at has sich a set o' chimes. Aw tell'd a chap soa one day, an' he sed he didn't think ther' wor, an' he wor' sewer ther' worn't another tahn 'at wo'd hev 'em if they'd t'chonce, for they wer' enuff to ruin both t'time and t'tune o' t'risin' generation. But aw tewk noa noatice o' what he sed, for ther's some fowk 'at cannot thoil a gooid word for owt 'at doesn't beleng to 'em.

> Ring on, owd bells, an' chime away,
>   Ye pleeas owd fowk an' childer :
> An' tho' som' chaps ther' are 'at say
>   Musicians ye bewilder,
> What means it tho' a nooat's delay'd,
>   A tune they ne'er curtail ;
> For t'nooats 'at's wantin' to be played,
>   Come stutt'ring aght bi wholesale.
> It's grand to lig i' bed at neet,
>   When all's as dark as hummer ;
> An' hear ther tones i' accents sweet,
>   Ring aght "T'last Rose o' Summer."
> Aw dhoant know who invented bells
>   To keep fowk allus wakin' :
> But he's to thank wheree'r he dwells,
>   For Bradford's noisy laikon.

Aw began to think it wer' time to lewk aght for a lodgin' haase, for ther's nowt bothers me like missin' mi sleep. Aw saw plenty on 'em, but aw wer' a bit afore aw could screw up mi courage to goa in. At last aw saw one 'at aw thowt lewkt a deacent place, soa aw went in an' axed if aw could hev a bed.

T' missis said aw could hev one an' welcome by payin' for, so aw pooled aht my brass an' axed her if it wor clean. As sooin as aw sed that, sʰoo turned raand an' sed "shoo'd have me to know 'at a gentleman as wos a gentleman had occupied that room for six months, and had died there, and was only buried that morning;" an' then shoo begun snifflin' an' blowin' her nooas on her appron an' shakin' her heead at me as if it wer' all my fault.

"That's all reight," aw sed; "tell me whear it is an' aw'll see if aw can get a bit o' rest."

"Come this way, sir," shoo sed, an' aw followed her up three flights o' steps an' into a little raam abaat three yards square. "This is the room sir, and that is the very bed he was laid out on. He made a beautiful corpse. I wish you could see him."

"Well, aw dunnot," aw sed, "he wor a varry deacent chap aw've noa daat, but as he's thowt fit to change his lodgin's aw hoap he'll net come botherin' me. Is this t' only raam ye have at liberty?"

"This is the only one," shoo sed, soa aw sed "Gooid neet," an' shut t' door, feelin' as if aw'd freely give a shillin' extra if aw wer' nicely aght on it. "It doesn't want long to seven o'clock," aw thowt, "soa aw'll mak' t' best on it."

Aw'd noa sooiner getten set daan an' leeted mi pipe nor aw began thinkin' abaat Mally an' t' childer, an' wonderin' what they'd say when they gate to knaw, an' aw wondered what tha'd say. An' soa aw thowt aw'd drop thi a line an' tell thi all abaat it, an' as oft as aw've a chonce aw'll let thi knaw hah aw'm gettin' on. Tha can send t' news to Bradford. Give my respects to Mistress Smith, an' send t' bank book at's i' this letter to awr Mally. Gooid neet.

When at hooam ye have to tew
Tho' yer comforts may seem few,
An ye think yer lot is hard, an' yer prospects bad ;
' An' ye swear ther's nowt goas reight
Wi' yer friends ner wi' yer meyt,
But ye nivver knaw the'r vally till ye've lost 'em, lad

Tho' ye've but a humble cot,
An' yer share's a seedy lot,
Tho' ye goa to bed i' t' dumps, and get up i' t'mornin' mad,
Yet ye'll find it's mitch moor wise,
What ye have to fondly prize,
For ye'll nivver knaw the'r vally till ye've lost 'em, lad.

SAMMYWELL GRIMES.

LETTER No. 2.

ON BOARD OV THE " MARY JANE,"
T' MIDDLE O' T' SEA.

FRIEND SMITH,—

This letter, like me, is dateless.   Aw nawther
knaw whear aw am nor what day it is.   If ivver aw
put mi fooit o' solid graand agean aw'll keep it thear
unless aw change mi mind.   If aw'd knawn what
I knaw nah aw should ha' been i' Bradford yet.   Aw'll
try as weel as aw can to tell thi ha aw've gooan on
sin aw sent thi t'last letter.

Aw hadn't a varry gooid neet's rest at Liverpool,
for aw kept dreamin abaat Mally an' t' childer, an'
fancyin' 'at t' bum-bailies wer' after me, or else aw
wer' jumpin' up ommost freetened aght o' mi' wits wi'
t' noation 'at t' lan'lady's friend 'at had deed i' t' same
bed had come to turn me aght.   Aw wor up i' plenty
o' time, an' aw paid mi shot and started aght baat
brekfast to find t' ship.   That worn't a long job, an'
aw saw monny a hundred waitin', t' same as me.
Aw went up to one chap, an' aw says, " Are ye
waitin' for *Mary Jane ?*"

" Nay," he sed, " aw'm waitin' for ahr Sarah
Ann."

" Aw mean are ye waitin' for t' ship 'at's gooin' to
America ?"

" Ay, are ye gooin', maister ?"

" For owt aw know aw am."

" Why, whear's all thi boxes an' stuff ?"

" Aw've browt nowt wi' me but what tha sees," aw sed ; "aw com away in a hurry, an' aw thowt aw could buy owt aw wanted when aw gate thear."

" Ye're happen gooin i' t' cabin ?"

" Nay, aw'm gooin i' t'steerage ; aw think that's gooid enough for me."

" Why, then, whear's all thi tin plates, an' thi knife an' fork, an' thi bed ?"

" Aw've getten nooan," aw says ; " but sewerly to gooidness they'll find a chap a bit ov a bed an' two or three pots !"

" Tha'll be suckt," he says, " for they'll find thi nowt but summat to eyt."

" Well, aws't risk it," aw says, soa aw turned away an' left him.

Aw began to feel as if it 'ud happen be better for me to give up t' noation o' gooin', an' goa quietly back hooam, but thowts o' bein' laft at, an' t' fact o' havin' been away all t' neet—a thing 'at nivver happened afore nobbut when aw wer' i' Lundun wi' thee—made me detarmine to goa throo wi' it as aw'd started. In a bit ther' wer' a rush o' fowk to a booat, an' a chap wer' shaatin' aght, " All abooard for t' *Mary Jane !*" sooa aw gate on, an' in a minit we wer' off for owt aw knew ; but in abaat five minits we stopt, an' ivery body jumpt up but me.

" Come along, here you are," sed a chap.

' Nay," aw sed, " nooan soa, lad ; aw know better nor that ; aw've booked throo."   But when aw lewkt raand aw saw we wer' alongside a ship six times as big as that aw wor on, an' they wer' all climbin' up t' steps into it.   ' Aw suppooas that's *Mary Jane*," aw thowt, " an' a wopper shoo is ;" so aw follow'd up wi' t' rest.   When they'd all getten on aw wondered whear i' t' name o' fortun' they wer' gooin' to put 'em, for ther' wer' as monny fowks as aw've seen at Bradford Fair.   Then we had all to march past some chaps an' show us tickets, an' after that aw crept into a corner bi misel', an' gate a bit o' bacca, an' kept lewkin' ovver t' side i' hoaps o' seein' Mally or onnybody else 'at knew me, comin' to fotch me back.   Aw hadn't sat thear varry long, when a lanky chap com an' sat cloise to me.   He pooled a big bottle aght ov his pocket, an' shoves it at me an' says, " Licker !"

" Ay, aw saw it," aw sed.

" Well, licker."

" An' what bi that if it is," aw says, " does ta think aw nivver seed ony afore ?"

" You don't take," he sed.

" Sometimes, when aw've chonce aw do, an' if that's what tha meeans aw'll have a thimbleful an' welcome. Here's yer varry gooid health."

" Drink hearty, old boss," he sed, an' aw gave a gooid swig an' handed it back.

" Here's to the glorious 4th of July," he sed, an'
teem'd abaat hauf a pint daan his throit.

" Is that t' time when ye're thinkin' abaat gettin'
wed, young man, coss if it is, if ye'll tak my ad-
vice—"

" No, no ! That's when we gained our independ-
ence !"

" O, well ye see, ye're a stranger to me, so aw
know nowt abaat your family affairs, but aw'm varry
glad to hear it, for aw've been towin' hard all mi life
an' aw'm not independent yet."

"Take another smile," he sed, shovin' t'bottle under
mi nooas, an' drink to the great and glorious repub-
lic, and the stars and stripes."

"Aw dooan't knaw t'haase ye meean," aw sed, "but
aw knaw a public they call t' ' Seven Stars,' an' soa
aw'll drink gooid luck to that."

He leukt at me suspicious like for a minnit an' then
he says, " I guess you're a sort o' tryin' to take a rise
out o' me ?"

" Aw've ta'en nowt aght o' ye 'at aw knaw on, all
aw've ivver ta'en has been aght o' t'bottle."

" I guess this is your first visit to our great
country ?"

" Does ta reckon to call thisen a Yankee ?"

" I'm a free born son of the beautiful Columbia."

" Indeed ; well, if that's true aw should think tha
taks mooastly after thi father ; but tha mun excuse
me for a minnit or two wol aw goa an' see hah aw

shall have to sleep, for aw've browt nawther a bed nor bedding' ''

He put a hand o' each shoulder an' stared me straight i' t'face, winkin' first one e'e an' then t'other, an' then oppenin' his maath, he set up a gurt shaat o' laffin' an' gave me a pooak i' t'ribs 'at ommost tewk mi puff. Aw felt sewer he wer' awther wrang in his heead or else he'd getten moor to sup nor wor gooid for him ; soa aw says, " What's t'matter wi' thee, lumpheead ?"

" You're the tarnationest fraud I ever met! Guess you know the rights about old hoss, without a bridle! He, he, he! Don' go yet," he sed, as aw wor tryin' to pass, " we're on the move now—ther'll be time enough in an hour to look after that."

" Aw dooant know what you mean," aw sed, " but what aw tell ye is true, an' aws't be in a grand mullock if aw've to caar sittin' here wol we get to America."

" Oh, that's too thin. I've played the same little game myself. You know there are more steerage passengers on board than they have accommodation for ; and as its against the law to pitch any of us overboard, why they'll be forced to find us a place somewhere, and as they cannot give us anything worse than what we've paid for, guess we shall drop in for a soft thing—twig ? Leave it all to me and I'll work the oracle. I know the ropes, you bet. This

child's been there. Try the pysen?" an' he handed
me t' bottle.

Aw thowt aw mud as weel let him have his own
way, soa aw supt ageean. " If that's what yo call
poison," aw sed, " it's varry nice takkin. If my
mother had given milk like that aw should ha been
suckin' yet." He seem'd a gooid natured sooart ov a
chap, an' as aw'd noa chum on booard aw thowt aw
should be better wi' his company nor withaat ony,
soa aw sattled daan an' let things tak ther awn
coorse.

It wer' a grand day, an' aw watched t'buildin's an'
ships wol they faded away i't' distance, an' although
they wer' all strange to me aw felt as if ther' wer'
summat abaat 'em 'at made me looath to leeave 'em.
Aw dare say aw lewkt varry sad, an' aw tewk varry
little noatice o' what mi Yankee friend wer' tawkin'
abaat. It had getten ommost four o'clock, when
he gave me a slap o't' back an' sed, " Say, partner !
You've got something on your mind that's distressin'
you. Confide in me and let me help you to bear the
weight of it."

" Aw've noa objection to confidin' i' thee," aw sed,
" but it isn't t'weight o' mi mind 'at's troublin' me at
present, it's th' want o' summat o' mi stummack, for
aw've nivver put a bite o' owt into mi heead this day."

" A capital idea!" he sed. " Guess I could find
room for a small ox and trimmings. Stay where you
are, and I'll go and explore the camp."

Wol he wer away aw began to nooatice some o't'
passengers as they passed me. They were a mixt lot:
young an' old, shabby an' genteel. All wer' lewkin'
rayther sad an' anxious. Maybe they wer' hungry,
same as me ; if soa, aw'm sorry they hadn't a Yankee
friend like mine, 'at just coom back, an' squattin' daan
on a roll o' rooap, began to empty his pockets. Cold
ham, bread an' butter, cold curran' puddin', an' two
bottles o' ale.

"There, boss, dew say, how's that for high?
'Taint very snide, that aint! Ye're sixpence in my
debt."

"Tak t' sixpence, lad, an' thank thi; aw dooant
know whear tha's getten it, but it's furst rate, an'
tha'rt what aw call a clever chap."

"Clever! Smart as a steel trap—wide awake—all
there, you bet!"

It felt to do me gooid, an' aw did n't spare it, an'
as we wer' gettin' it into us monny a hungry lewk wer'
levelled at it.

Aw felt a deeal better after that, soa aw lit mi pipe
an' he put a lump o' bacca into his maath, ommost as
big as a domino, an' we started for a walk raand t'
deck. I didn't find it quite as easy as it lewkt, an' he
sed aw had n't getten mi C legs on, an' aw dooan't
think aw had, for mine made nowt but X's.

At seven o'clock a bell rang, an' ther' wer a rush
for supper, an' noa wonder. Aw should ha' gooan,

but my friend Ananias (he sed they called him
Ananias becoss his father wer' a varry religious chap,
an' he wodn't have onny names 'at worn't i' t' Bible,
an' as he'd had a varry large family, ther' wer'
nobbut Ananias an' Judas to pick aght on, an' he
didn't admire Judas for takin' back their thirty pieces
o' silver, for t' Yankee principle is to get all they can
an' give nowt back), stuck to mi arm an' advised mi
to stop a bit; an' as aw'd had a gooid blow aght
aw could affoord to wait. In abaat an haar after
they'd done eytin we went daan. Ay, but it wor a
smotherin' place! An' clean as it lewkt t'smell wer'
nooan as sweet as aw could ha' liked it. Ananias
kept rooitin' abaat till he saw a chap wi' a
gold string raand his cap. "Halloa, steward!" he
sed, "just a word with you if you've time;" and he
tewk hold ov his arm an' drew him o' one side.
"Where do you intend to put us to-night? We can't
walk about deck you know. Find us a corner some-
where, that's a good fellow;" an' he shoved him two
craan pieces into his hand. He put t'brass i' his
pocket wi' one hand an' started scratchin' his heead
wi' t'other. "I don't know what to do," he sed,
"there's no room down here—follow me and I'll see
if I can squeeze you into the intermediate, but you
must not let any of the other passengers know."

Soa we followed him; but when we gate thear he
shook his head an' sed he did'nt see hah to do it, for
ther' wer' soa monny passengers wol all t'berths wer'

takken up bi' t' wimmen, an' all t' men had to sleep i' hammocks, an' ther' wor'nt raam to sling another.

"Don't be hard on a fellow," said t' Yankee, "you know that your father's pawnbroker was related by marriage to my aunt's washerwoman, an' I should hardly think you'd let one of your blood relations want for a bed aboard ship;" an' aw saw he slipt another five shillin' into his hand.

"Hi! hi! How many steerage passengers have got hammocks here? Look alive! Don't all speak at once!" Three or four stood up, soa he pointed to two on 'em an' sed, "You got to go into your own part of the ship; these two intermediate passengers must be provided for."

"Well, but——," they began. "Captain's orders," sed t' steward, "don't keep me here all day;" an' he tum'led what belenged to 'em on to t' floor, an' turnin' to us he sed, "Now, gentlemen, there are your hammocks, make the best of them."

Aw wer' rare an' fain to get sich a gooid shop at sich a' easy rate, but aw couldn't help feelin' a bit sorry for t' poor beggars 'at had to turn aght, an' aw thowt agean what a wonderful thing brass is, especially when a chap knows hah to use it.

Ananias poked me i' t' ribs, an' sed, "Guess you owe me three half-crowns, old man." Aw fumbled i' mi pocket for t' brass, an' paid him; for although aw trusted him wi' t' arrangements, he didn't seem inclined to trust me wi' t' seven - an' sixpence.

"Always keep your eye on the spondulex, my friend," he sed, an' he motioned me to follow him on deck, whear we walked abaat till ten o'clock, when we all had to turn in to bed. Aw've slept in a deal o' different sooarts o' beds i' mi time, but aw'd nivver slept i' a seck afore, an' what they called hammocks wer' nowt but secks abaat six foot long, slit daan t' middle, an' hung up to t' top o' t' raam wi' a coord at awther end. Aw tewk off mi hat an mi booits, but aw darn't ventur to try to get in wol aw'd seen hah Ananias managed it. He tum'led into his just as if it had been a four - poster. Ivvery body had getten in but me, an aw thowt as aw lewkt at 'em swinging throo side to side, they just lewkt like a lot o' thunderin' big sosseges hung up. Aw stept on t' 'table (for t' table we had to eyt off on wor under t' hammocks), an' aw made a spring, but aw'm net as active as aw wor twenty yer sin', an' asteead o' gettin' in aw threw mi leg too far ovver : an' thear aw wor swingin' astride on it. After fidgin abaat a gooid bit, aw managed to get inside an' rolled missen up i' t' blanket, an' aw can assure ye it wer' a deal moor comfortable nor it lewkt. Aw wor just droppin' off to sleep when aw felt summat varry cold come slidin' ovver mi face. All wer' quiet except for two or three snoorin', an' as aw knew it wer' ommost dark aw didn't oppen mi een, but put up mi hand to feel what it wor. "What's up ?" aw sed, as aw seized hold ov a glass bottle. "Try a nightcap,

Britisher," sed Ananias, aght o' t' next seck. " Here's
to th' fowk o' Columbia," aw sed, an' tewk a drain,
an' passed t' bottle back ; an' knew nowt noa moor
wol next mornin'

When aw gate aght o' mi seck aw felt as if aw'd
been drinkin' all th' neet ; aw couldn't stand
withaat havin' hold o' summat, an' as for walkin',
that wer' aght o' t' question. Ananias grinned, but
even he had to whew his hands abaat to balance
hissen, an' t'other fowk seemed as bad as me.

" Hurry up, Yorky," he sed, "come on deck, it's
fresh this morning."

"Aw think aw'm fresh enuff," aw sed, " What
the dickens is t' matter wi' t' ship ? Doesn't t'
captain know hah to drive noa better nor that, or is
he takin' us ovver t' roughest bit o' watter he can
find ?" Aw contrived to get mi booits on, an' after
a bit o' bother aw managed to find what aw believe
wer' once called mi hat; but it wer' i' sich a state
'at Ananias tewk it an' threw it into t' seah. " Tha
shouldn't ha' done soa," aw sed ; "aw hain't another
to put on !"

"Wait a minnit," he said, an' off he set, an'
ommost afore aw'd missed him he wer' back agean
wi' a billycock 'at just fit me, an' after givin' it two
or three pools an' twists he altered t' shape on't wol
noa hatter could ha' owned it; then he pool'd aght
t'linin' an' threw it away an' fixt a piece o' news-
paper inside, an' it fit stunnin'. Aw sed aw wor

varry sorry to have to tak' his hat, but he sed it
worn't his; it wor one 'at belonged to a Dutchman
'at had tum'led ovverbooard t' last trip. Aw dooan't
knaw whether it wor true or not, but it worn't long
afore a chap com' wanderin' abaat bareheead, an'
declarin' som'dy had stown his billycock

"Why, lad, does ta think this is it," aw sed, an'
aw gave it him to lewk at.

"Noa," he sed, "it's a different shape to that an'
a better quality."

"If tha thinks this is it tha can have it," aw sed
but he wodn't, an' whenivver aw've seen him sin
he's been walkin' abaat wi' a kerchy tied on his
heead. At eight o'clock we went to brekfast, but
my appetite worn't varry gooid. Ther' wor plenty
o' nice stuff to eyt, but it didn't tempt me. Sooin
after we wor all lewkin' aght for Queenstaan, whear
we stopt an' tewk on three passengers. We started
off then, an' that's ommost all aw remember for monny
a day.

Aw dooan't know, Smith, whether ivver tha wer'
seahsick or net. If tha ivver wor tha knows what it
is; but if tha nivver wor ther's nooab'dy can give thi
a noation o' what it's like. Aw've read abaat fowk
bein' soa miserable wol they'll let dayleet into the'r
windpipe, or make a hoil i' t' watter to get shut o'
the'r troubles; but seahsickness is a deeal war ner
that. Aw'd ha' gi'en a five paand nooat if aw'd
been able to throw misen ovver booard, an' aw'm

sewer, when aw wer' at t'warst, aw'd ha' gi'en onybody all aw hed, an' thrown Mally in for nowt, if they'd ha' put an end to mi sufferin's.   They say what a man sows he mun reap, an' if aw'd nivver sown owt but emetics all mi life aw should ha' had noa reason to complain abaat t' harvest.   Aw worn't bi mi sen, ther' wor scoors i' t' same plight; an' aw wer' better ner some, for Ananias nivver left me monny minnits. Aw've ommost getten ovver it, but ther's monny a poor soul 'at hasn't, an' life aboord ship isn't varry bad after all if ye're weel an' hearty (but aw cannot help thinkin' it's a pity 'at ther's nooab'dy knows hah Noah ventilated his ark, for wi' that menagarie inside, he must ha' had a better system nor we have or else they'd nivver ha' been able to live for forty days).   Them at ail nowt enjoy thersen famously.   Some enjoy smokin' and tawkin', some singin,' an' one lot (an' they're t' mooast miserable lewkin') seem to enjoy thersen wi' drinkin.'   T' cabin passengers have a nice little bar to goa to for the'r drink, or they can have it sarved whear they want it; but t' rest have to goa into a vary queer place if they want a bottle o' ale.   It's a long narrow place wi' noa furniture in but a seat 'at runs all t'length, an' as that's full o' raand hoils t'chap has to keep his bottles on t'floor.   But he does a rare trade at sixpence a bottle.   Aw wer' tawkin' to him one day, an' he tell'd me he left Liverpool wi two hundred gross o' bottled ale, an' it worn't enuff.   Aw ax'd him who supped it,

an he sed, " Oh, the steerage passengers ; but those
who are 'assisted emigrants' take by far the most.
They are sent out by charitable societies, and they
often spend more i' drink during their passage than
the cost of it."

Aw'm feeared aw'm spinnin' this letter aght sadly
too long, but tha mum let me tell thi 'at Ananias is
a favourite wi' ivverybody, an' nobbut yesterday aw
saw him walkin' arm-i'-arm wi' t' captain.   If aw'd
had hawf as mich cheek as him aw should ha' been t'
Mayor o' Bradford afore nah, an' even had dukes to
dine wi' me, if they could come.   But tha nivver
heeard a chap like Ananias for tellin' tales, an' aw
think they didn't kursen him that name for nowt.

Last neet a lot o' chaps began singin' " Britannia's
the Pride of the Ocean," an' when they'd done he
volunteered a song, an' this is it :—

> John Bull may boast roast beef and beer,
>   A Queen and a large familee :
> But his old-fashioned notions seem queer,
>   To a child from the land of the free ;
> He may brag of his wealth and his trade,
>   Of his colonies over the sea ;
> But his glory's beginnin' to fade ;
>   So the land of big pumpkins for me-he-he,
>   The land of big pumpkins for me.
>
> Where Columbia's flag is unfurled,
>   A welcome there's certain to be ;
> It floats o'er one-fourth of the world,
>   And it flutters on every sea.
> The pattern for ages to come,

Is what heaven designed it to be,
For the weary and wayworn a home ;
So the land of big pumpkins for me-he-he,
The land of big pumpkins for me.

After singing it—tha'll hardly believe it's true—aw'm blest if ivvery body worn't whistling " Yankee Doodle," or hummin' " The Star Spangled Banner."

Aw mun tell thi ov a big mistak' aw've made, but aw know tha'll say its just like me. *Mary Jane* isn't gooin' to America as aw thowt shoo wor, shoo's nobbut gooin' to Quebec, an' then wes't have to travel all t' way to New York bi railrooad. Aw'll drop thi another line when aw get on shore. Give my respects to Mistress Smith, an' if ye ivver have a son (but awm feear'd it's too lat' i' t' day to think o' sich a thing), be sewer an' call him Sammywell.

Nivver forget thi old friend,

SAMMYWELL GRIMES THE SAILOR.

LETTER No. 3.

MONTREAL (105 in the shade).

FRIEND SMITH—

Excuse me if aw dooan't write just as oft as aw owt to do, but t' truth is aw'm too lazy; but tha needn't fear 'at my friendship for thee is ony cooiler, for ther's nowt can cooil i' this climate. Tha tawks abaat heeat! Why, aw nivver knew what it wor wol aw coom here. Ananias says 'at if ye kill an ox an' hing it up i'th' sun, 'at if th' flies dooan't run away wi' it, ye can have rooast beef withaat t' expense ov cookin'. But tha'll want to know ha' aw gate on after what aw tell'd thi i' t' last letter. It wor sed 'at we should get to Quebeck i' nine or ten days at t' farthest, but asteead o' that it tewk us seventeen. One day we had a bit ov a storm, an' t'waves coom reight ovver t'deck an' onybody 'at had a mind could get a salt watter bath cheeap; but one coom wi' sich a foarce 'at t' captain wor fell'd an' his office door brast oppen an' pairt o't buildin' weshed ovver booard, an' when t' captain wer' samm'd up, they discovered that his leg wer' brokken. Ov coorse he wor put to bed, an' t'neet after we wer' all wakkened wi' sich a crushin' an' a smashin' 'at aw thowt all t'bag-o'-tricks were gooin' to t'bottom.

Ananias an' me an' abaat four moor jumpt up an' ran on t' deck i' quicksticks, an' then t' door wer'

C

festened daan to prevent ony moor comin' up. T'
mooin wer' shinin' on t' strangest seet aw ivver saw.
It just lewkt as if som'dy had takken t' ship an'
planted it in t' middle ov a moor i' winter time. Ther'
worn't a drop o' watter to be seen ; t' sailors wer'
rushin' here an' thear, some shaatin' an' yellin' ; t'
wimmen wer' skrikin below, t' engines wer' gruntin'
as if they wer' at' t' last gasp, an' t' vessel trem'led
throo end to end as if it wer' goin' to fall i' bits. Aw
trem'led a bit too, aw'l tell thi ; tha knaws ther's noa
back door to run aght at when ye're i' t' middle i' t'
seah. Aw wer' tell'd after 'at we'd run into a floatin'
field ov ice, an' it wer' t' fault o' t' chap 'at should ha'
been o' t' lewk aght. T' captain com up, wi' his
brokken leg ; an' if shaatin' could ha' getten us aght o' t'
hobble we wer' in we should sooin ha' been aght. In
a bit we wer ordered daan, an' sich a seet as aw saw
then aw hooap nivver to see agean as long as aw
live. T' wimmen wer' runnin' abaat ommast frantic,
some wi' nowt on but ther neetgaans, t' men wer' on
ther knees prayin' or tryin to do, t' childer wer cling-
in' to ther mother's for safety, an' ivverything wer' in
a state o' pannic. When Ananias started singin' " A
life on the ocean wave," aw thowt he'd ha' been
mobb'd, but when he tell'd 'em ther wer noa danger
—in fact, he sed, we wor safer nor we had ivver been
sin' we started—they varry sooin revived ther droopin'
spirits bi swallowin' a lot moor, an' aw noaticed two
or three o' t' men 'at had getten ther Bibles aght,

slink away an' put 'em aght o' t' seet as if they wer'
ashamed o' thersen. As it wer' turned three o'clock
they moastly detarmined to sit up, an' in a varry short
time they wer drinkin' an' card-playin' withaat a thowt
o' thankfulness 'at things wer' as weel as they wor.
For three days we wer' stuck fast, an' then we
managed to get aght some way. Ther wer' nowt
particular happened on t' remainder o' t' voyage,
but towards t' latter end ye couldn't stand still for
five minits withaat some o' t' "assisted emigrants"
comin' to try to sell ye summat. Aw believe they'd
ha' sell'd t' clooas off ther back for a couple o' bottles
o' ale. Aw couldn't help wonderin' what them
fowk 'at had helpt 'em wo'd think if they could see
'em. One thing aw'm sewer on—'at England will
nivver be poorer for them leavin' it, an' America
can nivver be richer for their visit. Tha may
think aw'm rayther hard on 'em, but aw havn't sed
hauf what aw could say, an if aw did ther's few wo'd
believe it.

It war' Sunday mornin' when we landed at Quebec.
As aw'd noa boxes nor nowt to bother wi', aw waited
wol Ananias gate his baggage together; an' to save
time, as it had all to be examined, he went to one
o't chaps an' pointed aght which wor his, an' tipt him
hauf-a-craan to lewk sharp. Soa t' chap nivver op-
pened 'em at all, but just marked 'em all wi' a capital
P, an' they wer' takken away.

Ther wer a public-haase just opposite, soa we went

in, an' aw called for a drop o' whisky. T' landlady
gave me two glasses, one full o' watter, an' t' other
empty, an' ther' wer' a black bottle standin' cloise at
t' side. Aw gave her a shillin', an' shoo gave me
sixpence back. This is a dear shop, aw thowt,
but aw'l say nowt abaat it wol aw've tasted t'
quality o' t' stuff, an' see ha mich they sell for t'
brass. In a minit shoo com back an' whipt away t'
glasses, an' kept gooin' abaat her business ; but shoo
tewk noa moor noatice o' me nor if aw'd been a stoop,
an' Ananias wer tawkin to some chaps at t' other end
o' t' place.

"Young woman," aw sed, "aw'd thank ye for that
drop o' whisky 'at aw've paid for."

"You've had it," shoo sed.

"It's an untruth, for aw've nivver smell'd it yet,
much less tasted it."

Ananias com up then, an' explained matters ; an'
aw fan it aght 'at they dooan't measure yer licker i'
this country, but give ye t' bottle to help yersen, and
ye can tak as mich or as little as ye like. Aw helped
misen pratty freely, but aw can't say aw liked it, for it
tasted noa moor like whisky nor it did like treycle
drink. It seemed to me to be a mixtur' o' sweet nitre
an' furnitur polish.

We then started for a walk throo Quebec. Aw'd
heeard a deeal abaat it, but varry little truth. Ther'd
been a big fire in one part o' t' taan, an' aw think it's
a pity they ivver put it aght. T' best street i' Quebec

is varry little handsomer nor Silsbridge Loin. T'
causeys are made o' wood, an' t' streets are t' muckiest
aw ivver saw. Ivverything seemed to me paltry an'
mean. Here an' ther' wer' a gooid buildin ; but they
lewkt as mich aght o' place as a blacksmith i' white
kid gloves. Ther' wer' churches plenty, an' some on
'em big uns, but they wer' mooastly wood an' plaister,
wi' big wooden spires covered wi' tin, 'at glittered
famously when t' sun shone on 'em, but lewkt for all
t' world as if they wer' some overgrown toys for
t' childer. We climbed up to t' battery, an' it's
varry nice up thear, an' thear's a grand view. But ye
munnot lewk daan at t' buildins if ye dooan't want
to be disappointed: They just seemed to me as if
some varry big cart had been looadened wi' some
varry big bricks, an' they shot 'em daan onywhear an'
left 'em. Ivverything abaat Quebec 'at God's made
is grand indeed, an' ivverthing 'at man's done has
been to spoil it.

After a short walk raand, Ananias sed " he thought
it would be a good idea to look out for some shebang
whear we could get something to eat, and accommo-
dation for the night." Soa we set off, an, aw should
think we ax'd ommost a duzzen fowk to direct us, but
net one on 'em could talk English, or understand it.
As we went on, aw saw a sign, "Glasgow House."
" That's t' spot we want," aw sed, an' in we went. It
didn't lewk varry clean, nor smell onny too sweet, but
as we shouldn't stop long, an' we didn't want to goa

to mich expense, we thowt it ud do. We ordered some teah an' breead an' butter an' beefsteak. It com at last, an' aw'm sorry aw cannot send thi a piece o' that steak i' t' letter.

Tha's heeard tell abaat donkey sparrib, aw dar say? Well, this wor war nor donkey sparrib,—th' longer yo chewed it an' th' thicker it gate; it wor th' mooast economical bit o' mait aw'd ivver met wi. It wor abaat as thick as a pennypiece, an' when aw tewk a bit an' banged it on to t' floor it baanced like a piece o' indy rubber. T' teah wor a soort o' indigo broth, an' t' breead an' butter wer just eytable if it hadn't been for t' butter. We didn't feel in a varry gooid humour after that, soa we went aght agean, an' Ananias propoased we should have a ride in a " ca-lash." Tha willn't know what that is. But they're what they have asteead o' cabs. If tha can fancy two varry big wheels hung to a horse tail, an' a owd leather trunk stuck up, a yard aboon t' horse back, an' a little seeat i' t' front for t' driver, it'll give thi summat ov an' idea what it's like. We contrived to climb onto t' bunk an' off it went. If t' chap's livin' 'at invented 'em (but it's hardly likely he can be, for aw should think they wer' imported second-hand when Quebec wer first discovered) he owt to be foorced to ride i' one all t' days ov his life. Ananias forgate all abaat it bein' Sunday, an' made use o' words 'at wer' hardly fit for t' warty; but if ther' is an excuse for a chap usin' nowty words at ony time, it is when he's in such a contrivance as that, an' knows he'll have to pay for it.

We didn't goa far ye can bet, an' when we gate daon Ananias ax'd hah mich ther wer to pay. "Half-a-dollar," sed t' chap.

"Look here, stranger," he sed, "if ever I pay you half-a-dollar for that ride may I be roasted in an ice-oven till I'm as brown as vanilla cream and as tender as a Canadian steak. But here's your half-a-dollar for stoppin' to let us get out, and the next time I hire you drive straight to a lunatic asylum, and take care you see me safe inside."

Then turning to me he said, "Let's licker," soa he led th' way into a little vault, but it wor called a saloon, an' ordered bugjuice for two.

"Howd on !" aw sed, "tha can sup what sooart o' juice tha's a mind, but aw'll tak a drop o' whisky."

"All the same, sir," sed th' bar-tender, as he shoved me th' bottle, soa aw helpt misen, an' after aw'd supt it, aw'm blest if aw didn't think he wor reight, or if ther wor a difference whether th' juice Ananias had called for wod'nt be th' better o' th' two.

We went back to us lodgins an' they showed us whear we'd to sleep. It wor one raam divided bi a wooden partition just high enuff to peep ovver, an' a little bed o' each side. We bid one another gooid neet, an' aw lit mi pipe an sat daan o' th' edge o' th' bed to think ovver things. Aw felt loanly withaat

Mally an' th' childer, an' aw thowt a gooid deal abaat thee an' Mistress Smith. Mi first day in a strange country had been one o' disappointment, an' aw think aw should ha' gooan to bed wi' a leeter heart if aw'd known aw should ha' been rung up to mi wark o' th' Monday morning.

Aw did fall asleep, but it wor nobbut for a few minnits, for aw'd bargained to have a bed to misen, an' aw sooin discovered 'at aw had'nt. Aw tried to settle daan but aw could'nt, for aw mud awther get up or be worried. Ananias wor snoorin' o'th' t'other side o'th' screen, an' ivverybody i'th' haase wor i' bed soa aw pooled a cheer up to th' winder an' pearked misen o'th' back, wi' mi feet o'th' seeat an prepared to watch th' sun rise. Aw suppooas aw fell asleep, for th' next thing aw knew wor, aw thowt som'dy'd hit me wi' a looad o' bricks an' ommost brokken ivvery booan i' mi skin.

Ananias jumpt aght o' bed an bob'd his heead over th' booards an' axd ' what wor to do ?'

" It's thease infernal what-do-yo-call-ems," aw sed, " why they're as big as little raisens an' th' bed swarms wi' em !"

" You must have got them bad, partner, if they've thrown you out of bed so unceremoniously."

" Tha knows moor abaat theas things nor aw do, soa just com' an' see if tha can help me ony."

He wor sooin pairt donned, an' when aw tell'd him ha it had happened, he did nowt but laff an' sed aw should sooin get used to em, an' aw wornt to let sich little things bother me. "Well, if them's what tha calls little things," aw sed, "aw hooap awst nivver see ony big 'ens, for aw call them flaysome. Then he reminded me ha thankful aw owt to be at aw'd tummeld backward, for if aw'd wolted forrad aw should ha gooan throw th' winder daan into th' street, an' he assured me 'at a deead Yorksherman wornt mich thowt on.

As aw declared aw wod'nt risk gooin to bed agean he decided to sit up an' have a smook to keep me comp'ny, an' he fished a bottle aght o' one ov his pockets, an' after takkin' a gooid swig he handed it to me to tak' a "eye opener" as he called it an' then he began tellin' me at aw should meet wi' things a deeal war when we gat into th' States. "What you see here," he sed, " arn't a circumstance compared with what you'll find there. Why, some people take a fancy to keep them as pets, and they get so large that they have to cut a hole in the bottom of the door for them to creep in and out, and they wod'nt have one killed on any account."

"They sooin wod have if aw wor thear!"

"That's where you'd make a mistake. They are most affectionately disposed towards each other and if you kill one, all its relatives from far and near come to pay their respects at the funeral and very often they invite themselves to remain. And remember what the poet says,

'Take not the life thou canst not give,
For all things have an equal right to live."

"That poet's a fooil like thee!—Tha'rt just tawkin'
for tawkin's sake, an' if tha can't oppen thi' maath
withaat lettin' a lie roll aght, keep it shut."

After passin' th' bottle backards an' forrads a few
times, we gate weshed an' donned, an' as we could
hear fowk stirrin' daan stairs we went aght for a stroll
befoor braikfast.

Th' mornin' were lovely, an' farther we gate away
throo t' city an' better it lewkt, wol when we'd getten
to whear we could nobbut just see it as throo a mist
—t' glitterin' spires, an' domes, an' t' queer nukes an'
corners 'at aw'd been soa disgusted wi', made up one
o' t' moast fairylike pictur's aw ever clapt e'en on, an'
aw can easily understand fowk praisin' it up as they
have done if they've nivver been in it.   We sat daan
to rest an' enjoy t' pure mornin' air, an' wer' sooin
joined bi a man an' his wife 'at had come ovver i' t'
same ship, an' they wer' i' sad trouble for they'd lost
the'r purse an' t' bit a brass they had in it an' the'r
railway tickets to New York.

We felt varry sorry for 'em, an' as nawther Ananias
nor me cared to goa to New York just then, we let
'em have awr tickets an' decided to go to Montreal,
whear aw am nah.   Ananias sed he had a bit o' busi-
ness 'at he could do there, an' aw thowt aw should
stand just as gooid a chonce o' gettin' a job here as
onywhere else.   We went back to breakfast, an' after

that we paid t' shot, an' after getting t' bit o' brass
aw had changed into Canadian paper we spent some
time i' buyin' a few things aw'd need on ; an' aw
didn't find 'em soa varry dear as aw'd been led to ex-
pect.   We then bowt tickets for Montreal, an' went
on booard 't steamboat.   To say it wer' a floatin'
palace willn't give mich idea what it wor.   'T fare
were 3 dollars 50c. apiece, an' we'd a dinner thrown
in.   Aw'd nivver seen owt grander i' mi life, net even
i' Lundun, ner that long dining saloon when it wer'
all set aght.   Crystal lamps an' beautiful birds i' cages
an' baskets o' flaars ivverywhear.   T'cheers wer cover-
ed wi' crimson velvet, an' ther' wer' a carpet 'at let
yer feet sink into it as if ye wer' walkin' ovver some
fresh fallen snaw.   T'dinner wer' fit for a Prince, an'
it tewk a gurt weight off my mind, for it wor a proof
'at ther' wer' stuff fit to eyt if a chap could tell whear
to get it.   Ananias, as usual, made hissen at hooam,
an' he hadn't been on booard long afore he wer'
walkin' wi' t'captain arm i' arm as if they wer' old
chums.   In a bit he put up his finger for me, and in-
troduced me as an old friend—a manufacturer from
Yorkshire. We wer' invited into his private office, an'
had a drop ov as gooid brandy as ivver aw tasted.
Th' captain then began axin' me all sooarts o' ques-
tions abaat t' state o' trade, an' aw answered him as
truly as aw could; but aw didn't feel comfortable.
But when he ax'd me if aw hadn't a deeal o' trouble
sometimes wi mi work-people, aw could say "Noa"

wi a clear conscience.   He wanted to know hah
monny mills aw had, an' aw tell'd him nobbut one,—
an' that wer' t' coffee-mill 'at stands at t' end o' t'
mantleshelf at hooam.

If aw wer' a scholar, Smith, aw'd try an' tell thi
summat abaat t' scenery on t' St. Lawrence river. Tha
knaws awm praad o' old England; but bless thi life!
England can booast nowt like this.   T' grandest
panorama aw ivver saw i' mi life could noa moor com-
pare wi' this nor t' Peel Monument can wi' t' Albert
Memorial.   Ananias an' me sat o' t' upper deck,
hardly ivver speykin' a word wol it wer' ommost dark,
an' when aw went to bed (an' a nice little bed an'
bed-room it wor,) aw did nowt but dream abaat it. It
aw see nowt else aw shall n't consider it a waste o'
brass comin' here.

At six o' clock i' t' mornin' we landed at Montreal.
It's a varry different lewkin' place to Quebec.   It's
summat like a city.   Ther's some grand streets here,
an' some fine buildin's. Ananias went to do his busi-
ness, an' soa aw went for a stroll throo t' streets, but,
as aw've mentioned afore, it's soa hot 'at it's ommost
past livin' aght o' door.   Ther's some grand oppen
squares, wi' trees an' faantains, an' aw went into one
an' sat daan, and to pass t'time aw strung together a
few lines o' what aw call poetry; but if aw put em i'
this letter it'll mak' it aboon weight, soa tha mun wait
wol t' next.   Trade seems to be varry bad, an' aw'm

feeard ther's not mich chonce o' gettin' a job; but if nowt turns up aw shall goa wi' Ananias into t' States. Be sewer an' let Mally knaw 'at shoo's noa need to goa into black for me yet.

SAMMYWELL GRIMES THE ROAMER

LETTER No. 4.

NEW YORK, UNITED STATES

LUCKY SMITH,—

I' mi last letter aw promised to send thi some poetry (what aw call poetry). It wor written i' Montreal as aw sat waitin' for Ananias. Aw wor feelin' varry looanly an' varry friendless, for it wor but little aw had i' mi pocket, an' as aw watched fowk walkin' up an' daan, laffin' an' tawkin' an' lewkin' as if care wor a thing they'd nivver known, aw knew varry weel 'at they'd awther a full purse or a empty heead, for ther's noab'dy else i' this world 'at seems to be happy, an' as aw felt it wor mi poverty 'at made me feel miserable, aw gave vent to mi feelins.

To what shall I compare thee, Poverty ?
  A toothless hound, with never-tiring jaws,
That gloats upon a mortal's misery,
  And ceaselessly, in every pleasure gnaws
Unhealing wounds, which rob life of its joys,
  Yet leave it barren, as a blighted tree,
That lives to prove the power that destroys,
  Serves to enhance its sensibility ?
Ah, no ! This symbol does not suit thee well,
  No toothless hound could make life such a Hell.

Or to a vampire shall I liken thee ?
  That draws the blood from out the font of life,
And leaves the wreck of what man ought to be,
  Too weak to battle with the worldly strife ?

Not so,—the vampire comes not in the day,
  But skulking under shade of darkness, seeks
Unknown to all to feast upon its prey,
  Exulting not to see the paling cheeks.
But thou, as glorying in thy victory,
  Stamps on the victim's brow the well known sign,
That all may know there dwelleth Poverty,
  And shun contact with one marked out for thine.

Let poets laud the honourable poor,
  And sing the praises of adversity ;
Whilst the grim monster passes by their door,
  They can afford to give him eulogy ;
I cannot find a fitting type for thee,
  Thou honourable scourge of misery.

If not from Hell, perchance from Heaven, to try
  The power of man's endurance ? As a check,
Lest happy here he should regret to die,
  And leave a world which only pleasures deck.
'Twill serve for those who consolation find,
  In charging Heaven with sending every ill ;
But cannot bring conviction to my mind,
  Which fondly dreams Heaven sends but blessings
    still.

God made the world, and gave it free to all ;
  Gave food and drink, and made each living thing
To minister to man's enjoyment.   Man's control
  Ceased with the brute : he was not sovereign
O'er his own species.   God made man and beast,
  Not rich and poor ; 'twas man contrived the rest.
Heaven as thy birthplace I still fail to see,
  'Twas man's ambition bred thee, Poverty.

A'a lad but tha does not know what aw've hed to
put up wi' sin' aw sent mi last letter ! Aw durs'nt put

it all i' black an' white. Aw know varry weel 'at one-
hauf o' what aw've tell'd thi already tha's kept to thi-
sen, but if what aw do say doesn't agree wi' t' guide
books or wi' letters ov special correspondents, that's
noa fault o' mine. Aw'm gooin' to tell thi what this
country is as aw see it, net as t' Prince o' Wales 'ud
see it if he'd to visit it. Ther's abaat as mich differ-
ence between Montreal an' Quebec as ther is between
Saltaire an' Salterhebble.

Aw kept sittin' waitin' for Ananias wol aw wor om-
most dried up, but he nivver offered to come, an' aw
walked up an' daan thinkin' aw might meet him, but
aw nivver did. Aw may be a bit ov a fooil, an' aw
may be set daan as bein' a bit rackless, but aw'd
sense enuff to knaw 'at aw couldn't live o' t' wind, an'
as aw'd varry little brass left aw mud turn mi hand to
summat; soa aw went into a place for a glass o' ale
an' a bit o' cheese an' breead, an' as t' landlord seem-
ed a daycent sort ov a chap aw ax'd if he could put me
up to owt. "Ther's a man can tell you all you want
to know," he sed, an' pointed to a chap 'at worn't
ony better dressed nor a fusee hawker, an' he come
up to me an' shook hands as if he'd known me all his
life. Aw tell'd him who aw wor an' what aw could
do, an' he sed, "Don't be uneasy; I'll fix you all
right. All yo've got to do is to advertise. Now,
look here," he sed, "As you are an Englishman like
myself, I'll undertake to get your advertisement in the
Gazette, the *Star,* and the *Christian Witness* for half-

price ; and I'll guarantee you a first-class position
in a couple of days." Weel, aw thowt aw'd best tak
him at his word, for he sed he wor sure aw sud be
able to get twenty dollars a week, an' t' expense
wodn't be moor nor ten. Aw hadn't ten ; but aw
gave him six, an' promised to pay him t'other four as
sooin as aw gate into a shop. He stood treat like a
brick ; an' when he left me, he sed he wor quite sewer
aw sud hev a shop by t' time aw saw him agean ; an'
that wor true, for, to mak a long story short, aw niv-
ver did see him ageean, nor t'advertisements, nor t'
brass nawther.

Aw'd a gooid chonce o' gettin' to see what Mon-
treal wor like, for aw tramped throo ivvery street i'
t' city. Things wor beginnin' to lewk varry black aw
can tell thi, for if aw called at one place to lewk after
a job aw'm sewer aw called at a hundred. Whoivver
aw ax'd shook ther heead an' sed aw wor varry foolish
to leeav hooam, as ther' worn't a shadder o' chonce
thear, an' they advised me to go back as sooin as aw
could, or else goa to t' States ; but as aw'd noa brass,
an' tha knows aw cannot swim, aw didn't see mich
chonce o' dooin' awther. Day after day aw met wi'
noa better luck, an' aw nivver knew ha' little a chap
could live on while then. T' time coom when t' last
cent had gooan ; t' belley wer' empty, an' t' owd pipe
'at had soa often comforted me wor empty an' all.
Aw wor huggin' mi coit i' mi arm, an' tryin' to find a
shady side o' t' street whear aw could have a rest,

D

when all at once aw saw some rain drops as big as penny pieces, an' befoor aw'd time to put mi coit on an' run across t' rooad aw wer drenched to t' skin. Aw wor nivver soa dropped on i' all mi life, for it hadn't gi'en us a minnit's warnin' Aw caar'd in a door hoil for abaat two haars. T' rain kept fallin', t' sky grew blacker, t' thunner never seemed to rest for a minnit, an' t' leetnin' wor sich as aw'd nivver dremt on.   Blaze after blaze followed one another as fast as if they wor one tryin' to ovvertak t'other. I' t' middle o' t' street it wor like a rushin' river, an' pairt o' t' wooden side walks wor weshed away, an' t' fall pipes for t' buildins wer shootin' aght streeams o' watter ommost as thick as a chap's leg.   When it stopped, which it did ommost as sudden as it began, aw start-ed off agean, an' as aw wor passin' t' railway station (they call 'em all " Depots " i' this country), a chap put up his finger an' ax'd me if aw'd lend him a hand for an haar or two. " What to do, maister ?" aw sed, an' he showed me into a shed, whear ther wor thaa-sands o' cheeses made up i' raand boxes an' all sop-pin' wet.   Ther wor a lot o' chaps rollin' 'em aght o' that place into another, an' aw off wi' mi coit an' set to wark i' hard eearnest, an' when aw'd shifted abaat a hundred aw saw 'at aw wor takkin' abaat three for ivverybody else's one, soa aw began to tak it easier.   They say it's an ill wind 'at blows noab'dy gooid, an' aw believe if it hadn't been for that thun-nerstorm awr Mally'd been a widdy.   That job lasted all th' neet, an' when aw went into t' little office next mornin' to get paid, t' boss (ivverybody's a " boss " 'at's worth a chew o' 'bacca) gave me five dollars an' ax'd me if aw wanted a job. Aw tell'd him aw'd be fain to tackle owt, soa he sed if aw'd lik to unlooaden trucks he'd gie me a steady job at eight dollars a' week, an' aw could start next mornin' Aw could nivver mak thi believe ha thankful aw felt, an' a lump coom up i' mi throit ommost as big as a cricket ball, an' aw could hardly spaik, but aw promised to be thear at t' time, an' after a feed an' a sleep aw felt better. It felt vary hard wark just at furst, but wi' watchin' t' others aw sooin learn'd ha' to spend as mich time i' spittin' o' mi hands as it tewk to do t' job. Aw started at seven i' t' mornin' an' kept at it till eight at neet wi' nobbut an haar for a bit o' dinner. Aw'd getten into a varry daycent booardin'-haase for $3 50c. a week an' as they wor all Englishmen 'at lived thear, aw gate on pretty weel, but ther's one thing aw mun mention, an' that is t' amaant o' company ye find i' bed ov a neet. Ivvery thing abaat t' haase wor as cleean as a pin, net a speck o' muck could be seen onywhear, but it wor noa sooiner dark, nor ther seem'd to be as monny things creepin' abaat as 'ud carry away all t' furnitur' i' t' place. When yo've lived thear a while ye get used to it, but it wor varry hard o' me for a bit.

But aw kept mi spirits up an' tried to cheer t' others 'at wor inclined to despair, an' aw says,—

Let's mak a gooid start, never fear
   What grum'lers an' growlers may say ;
That nivver need cause yo' a tear,
   For whear ther's a will ther's a way
If yo've plenty to ait an' to drink,
   Nivver heed tho' yor wark may be rough;
If yo'll nobbut keep hopeful aw think,
   Yo'll see th' way to mend plain enuff.

If yor temper gets saared an' cross,
   An' yer mind is disturbed an' perplext ;
Or if troubled wi' sickness an' loss,
   An' yor poverty maks yo feel vext,—
Nivver heed ! for it's foolish to freeat
   Abaat things 'at yo connot prevent ;
An' i'th' futer ther may be a treeat,
   At'll pay for all th' sad days yo've spent.

I' this new life beginnin';—who knows
   What for each on us may be i' stoor ?
For th' river o' Time, as it flows,
   Weshes th' threshold o' ivvery man's door.
At some it leaves little, may be,
   An' at others deposits a prize,
But if yo be watchful yo'll see,
   Ther's a trifle for each one 'at tries.

Ther's a time booath to wish an' decide
   For a chap 'at ne'er langs nivver tews :—
If yo snuff aght ambition an' pride,
   Yo sink a chap's heart in his shoes.
Wish for summat 'at's honest an' reight,
   An' detarmine yo'll win it or dee,—
Yo'll find obstacles slink aght o'th' gate,
   An' th' dark claads ov daat quickly flee.

A young man should seek labor an' gains,
   An old man wish for rest an' repose ;

Young lasses want brave, lovin' swains,
  An' are hankerin' oft for fine clooas.
Old wimmin, a cosy fire-side,
  An' a drop o' gooid rum i' ther teah ;
Little childer a horse they can ride,
  Or a doll to be nursed o' ther knee.

The thing a chap can't do withaat,
  Is a woman to share his estate ;
An' mooast wimmin, aw havn't a daat,
  Think life a dull thing baght a mate.
Ther's a sayin' booath ancient an' wise,
  An' it's one to be acted upon,
Yo'll do weel to accept its advice,—
  To " Begin as yo mean to goa on."

Aw'd just getten soa far when one o' th' chaps
stopt me to ax me ha it wor, if a woman wor a thing
we couldn't do withaat, what aw'd left Mally at hooam
for ? That sooart o' shut mi up for a bit, an' aw
spaated noa moor that neet. Still, aw managed to
enjoy misen varry weel, for ther's gardens whear
bands o' music play at neet, all free, an' lots ov
amusement. Ther's a deeal 'at lewks strange to a
new comer. T' cabs an' carriages are painted wi' t'
breetest colours they can get, an' decked wi' bunches
o' roases, an' thear's as mich gold an' silver platin'
abaat t' harness an' t' door handles an' whearivver
they can stick it, while you'd think it cost nowt. Aw
hev seen sich like at hooam, but they wor allus wi'
a circus. Ther's lots o' stuff to ait o' t' sooart its on,
but aw nivver sat daan to a meal withaat hooapin' 'at

aw should be spared to live to hev one moor Sunday dinner at hooam.

T'back end o't' year is what 'they call t'Indian summer, an' them 'at can enjoy a glorious seet—sich a one as England can nivver show—should goa. T'mountain 'at rears itsen up at one side o't' city is covered wi' trees, an' t'grandest colours aw ivver saw cannot come up to t'colours 'at cover it.   T' trees seem to be bower'd i' gold, an' scarlet, an' purple, an' breathin' t'air is like suppin' new milk.   This nobbut lasts for two or three weeks, an' then, if yo cannot stand cowd weather yo'd best tak yo'r hook.   Aw nivver knew what frost an' snow wer till aw saw it an' felt it thear.   All t'cabs an' omnibuses have ther wheels takken off an' goa skatin', an' it's a pity t'poor horses can't skate, too, for they've a hard time on it. Thirteen feet o' snow fell while aw wor thear, but it isn't like English snow, for ye couldn't mak snowballs on it if ye'd to try, except varry rarely, an' if you've a fancy to roll in it you can get up an' shak it off withaat bein' even damp.   It's a lively seet to walk on Great St. James's Street i' t' afternooin an' see all t' gentry drivin' aght i' ther sledges, covered wi' furs an' scarlet rugs, but it's a cowd job unless yer weel lapt up an' have a gooid hot poultice i' yer inside.   I' t' market ye find beef, mutton, an' pooark rear'd up just like as mich timber, an' they braik ye a piece off wi' a hammer just as if it wor a lump o' stooan.   Ye have to thaw it first an' cook it at after.   Aw wor

standin' thear one mornin' when aw saw a horse an'
cart come in an' a chap sat up drivin' it, but when t'
horse stopped t' chap didn't offer to stir, an' when
we went to him, we fan him deead wi' t' reins frozzen
fast to his hands. If yer aght varry long it isn't at
all unlikely you'll have yer nooas or yer ears
frozzen, an' as ye dooan't know it yer sen, yer ray-
ther capped when a chap comes up to ye wi' a hand-
ful o' snow, an' baat sayin' a word, starts o' rubbin'
yer nooas end.

T' St. Lawrence is six times t' width o' t' rivver
Thames, but it's just like solid graand, an' fowk walk
an' drive ovver it as if it wer t' king's highroad.
Spring sets in just as sudden as t' winter, an' t' mooast
awfully grand thing it's been my lot to see an' hear is
t' braikin' up o' t' St. Lawrence. It's just as if scoors
o' cannons wor gooin' off at once, an' it seems to
shak t' city. T' ice begins to braik into lumps an' to
move, an' it's a dark lewk aght for ought 'at happens
to be in its rooad. Pieces as big as t' front o' t'
Bradford Exchange rise up, crushin' an' smashin'
ivverything 'at comes i' ther way; an' t' rooad 'at
runs along t' side o' t' river wer piled up as heigh as
a three stooarey haase. Onybody 'at's a mind to
han'l a pick an' spade can get plenty to do at this
time, helpin' to clear t' streets; for if they'd to let it
thaw, t' city wod be flooded. If a chap cannot live
onywhear else, aw should say goa to Montreal; but if
he can, it isn't worth his while to change. Wark's

scarce, an' if ye get it t' brass doesn't goa as far as it does at hooam; an' as t' citizens are divided into three lots—English, French, an' French-Canadians—an' as they hate one another as a dark-complexioned chap is sed to hate holy watter, you willn't find it varry pleasant. If tha can affoord to goa thear, an' tak Mistress Smith for a pleasure trip, she'll find it's worth th' trouble; but if tha meets onybody 'at tha's ony respect for, 'at's thinkin abaat gooin' to mak a livin' tell 'em throo me to think twice, an' be sure to change ther mind t' second time. Aw nivver worked as hard i' mi life, an' aw nivver made less brass, an' aw nivver wor leeter hearted nor when aw turned mi back on it an' started for New York. Aw landed all reight, an' as sooin as aw've hed time to lewk raand aw'l send thi another bit o' news.

Let me remain, agone but not forgotten

SAMMYWELL.

P.S.—Whoa does ta think has just dropped in? Ananias! He says he's been seekin me all throo t' land o' liberty, "that glorious land, bounded on the east by Daybreak, on the West by Eternity Peak, on the north by the Aurora Borealis, and on the south by Eternal Sunshine." Aw think he's fresh.

LETTER No. 5.

PHILADELPHIA, Centennial Year.

FRIEND SMITH

When a chap happens to hear "Home, sweet home" play'd or sung when he is at hooam, he's apt to think, if he taks trubble to think, at it's a varry nice tune, but when yo've been throo hooam awhile, an' especially if yo've had a hard, rough time on it, its apt to hev varry much t' same effect as peelin' onions. Aw knaw it wor soa wi' me when Ananias an' me stroll'd daan Brooadway (which isn't a brooad way, but a rayther narrow way), an' an owd box organ 'at wor trubbled wi' t' henfluinsa wor grindin' it aght at t' rate o' two mile i' t' haar. Aw wor fast what to mak o' Ananias. Sometimes aw thowt he'd been drinkin' prosperity to t' stars and stripes ofter nor had done him ony gooid, an' sometimes aw fancied his brain wor softenin', for aw could hardly get him to answer a question, an' as for tawkin' sense, aw couldn't get him into t' way on it at all. But it mattered little, for aw wor soa suited at meetin' him 'at aw could put up wi' him ony way. Aw'd met lots o' English fowk, an' even some Yorksher fowk, yet they didn't seem to be as near to me. Ananias wor a sooart o' connectin' link to t' owd country, an' t' longer aw wor away throo it an t' dearer it wor to me. One thing abaat Ananias 'at caps me is, aw cannot mak' aght his trade, an' bi his awn tellin' he's noa brass nobbut what he works for, an' yet aw've nivver catched him at it.   But one thing's sarten, he's plenty o' brass, an' he isn't feeard o' spendin' it.   There's a deeal o' difference between Americans and Canadians, an' it's all i' favor o' t' Yanks.   They're t'freest fowk aw ivver met, an' if they're rackless sometimes there's still a deeal more to admire in 'em nor ther' is i' t'Canadians.   Aw dooant say but what ther's some varry big rogues amang 'em, but ther's not soa monny little uns.   If a Yankee could best ye aght ov a thahsand dollars he'd do it and be considered smart, but he'd nivver try to cadge a chew o' bacca as long as he'd one in his pocket.   Aw wor hardly prepared to find New York sich a big fine place as it is, an' as aw walked past t'shippin' it reminded me o' Liverpool, and t' fowk at wor walkin' abaat t'streets had varry little o' owt different abaat 'em to t'fowk at hooam.   Ananias did'nt give me mich rest, for he wor detarmined at aw should see as mich as possible i' t'time.   One neet he tewk me to hev a lewk at t'theayters, and aw must say they lick owt aw've seen at hooam, an' they're all cleean, which is more nor aw can say abaat what tha showed me i' Lundun.

Ananias seem'd to know all t'ticket sellers, an' he just nodded to 'em an' walked in as if he belanged t' shop.   We'd been i' three or four, when, as we wor gooin' into t'Theaytre Comique i' Brooadway, he ax'd me if aw wodn't like to goa at t'back o'th' scenes,

an' aw sed aw didn't mind whear aw went if it wor
nobbut respectable, soa he led t'way dahn a long dark
passage, an' then we had to climb up some ricketty
steps, an' he tewk me to one side whear aw could see
onto t' stage, but aw wor fair flabbergasted at ivvery-
thing raand abaat.   Its a gooid job 'at fowk 'at pay
the'r brass to sit i' t'front cant see what's behind, for
ov all the rattletrap consarns aw ivver saw, t'back ov
a stage licks all.   Bith' heart! aw nivver felt as queer
befoor.   At one side ov me wor a chap wi' a black
face eytin' a piece o' beef an' breead, an' suppin'
lager beer aght ov a gallon can, an' all raand abaat
wor young wimmen *un*dressed, like angels, an' they
were twistin' their legs abaat as if they were tryin' to
mak' sewer they wor withaat joints.   Aw did mi best
net to lewk at 'em, for aw knew what awr Mally 'd
say if shoo saw me, but ther' wor sich a lot on 'em
abaat, an' mi een wor soa dazzled wi' t' gas leets
'at aw couldn't help seein' moor nor aw thowt wor
reight for a chap o' my years, soa aw bethowt me all
at once 'at awd a pair o' green spectacles i' mi
pocket, so aw put 'em on, an' then aw could stare
abaat wi' a easier mind, becoas they toned things
daan a bit.

Nah an' then one on 'em 'ud come an' stare at me,
an' smile all ovver her face, an' aw heeard one on 'em
ax t' chap wi' t' black face if he knew me, an' wol he
wer' tryin' to say summat wi' his maath full, another
ran away wi' his ale can, an' he after her like a shot.

an' catched her bi t' hair o' t' heead an' pooled it off, but it didn't seem to hurt her mich, for when shoo gave him his can back he gave her her ringlets, an' shoo stuck 'em on agean as if nowt wor. "Who's that bloke at t' second entrance?" sed another. "Strikes me he's a dead beat," sed t' nigger. "Don't know who he is, but he don't play in this piece. He's a good make-up anyhow." Shoo didn't seem satis-fied, and shoo coom sydlin' up to me an' says, "What do you play?" "Aw dooant play owt at pre-sent, miss, but aw did used to play t' drum." "Are you going to treat me with a bottle of wine?" shoo sed. "Aw've nowt to do wi' it," aw says, "ye mun ax Ananias." Shoo gave me a shove an' went away, sayin' summat at aw didn't catch, but aw know "fooil" wor one pairt on it.

Just then a little bell rang an' daan went th' ale can an' cake, an' ivverybody cluthered raand to be ready for summat. T' young woman 'at had spokken to me wor standin' cloise at mi side, an' all at once shoo turned raand an' axed me to tee her a bunch o' some ribbon 'at went raand her waist. Nah ther's nubody can tee a bunch better nor me, but some ha mi hands wor all ov a shake, an' mi fingers seem'd to be all thumbs. Aw stuck mi umbrella between mi knees an' tried mi best, an' aw wor just managin' it, when mi umbrella dropt on to her tooas an' shoo whisk't raand an' ommost knock't mi hat ovver mi een, an' nivver as much as sed "thank you." T'

music began to play, an aw wor just straightenin'
mysen up when a chap gives me a pull, an' says,
"Stand out o' t' wings there! Get on the other side."
Its awlus been my principle nivver to trouble onybody
if aw could help it, soa aw started for t' other side for
owt aw knew, but aw fan misen in a reglar blaze o'
leet an' i' t' middle ov a scoor or two o' whiteweshed
wimmen 'at wor quaverin' up an' daan, an' i' t' front
ther' wor monny a hundred fowk clappin' ther' hands
an' all raand me wor fowk shaatin' "Come on!"
"Get off!" an' a deeal o' expressions 'at worn't varry
perlite, to say t' least on 'em. Aw couldn't tell what
to do nor whear to goa. T' din grew laader, an' t'
way them imitation angels shoved me up an' daan 'ud
ha' done credit to a lot o' wesherwimmen; an' just as
aw wer i' t' muddle daan coom a gurt winder blind an'
shut aght all t' fowk i' t' front.

As sooin as that tewk place a chap seized me bi t'
scuft o' t' neck, an' show'd me t' way aght in a
jiffy, an' if t' prayers 'at wer' offered up for me had
been answered aw should nivver ha' lived to write
this letter.

Just then Ananias turned up an' saved me t' trubble
o' lettin' one or two on 'em feel t' weight o' mi neyve,
for some o' t' angels seem'd varry mich inclined to
find aght whether mi hair wor mi own or nobbut a
wig. We managed to get aghtside agean someha,
an' then aw thowt aw wor baan to have another lot
o' bother, for Ananias seem'd to be takken vary

bad, an' he leean'd agean t' wall as if he wor ommost done for.

At last he managed to gasp aght, "Oh, Grimes! you're a caution."

"That may be," aw says, "but does ta feel ony better, or is ther owt aw can get thi."

You've given me enough for a month," he sed, an' went off wi' another spazm. "Hist! Yorky," he sed, "guess we'd better make tracks. Listen!" An' reight enuff ther' wor a terrible hullabaloo, an' as he hurried me away aw felt thankful it wor nowt 'at aw'd owt to do wi'

I' t' day time he tewk me to t' Castle Gardens, a place whear t' emigrants can go till they can settle what to do, an' a rare nice place it is. Then we went to t' Central Park. Why, awst nivver think mich abaat Peel Park after seein' that; yo' could put it in a corner, an' it ud be nowhear. T' wild beeasts wor better nor owt awve ivver seen in a show, an' its all free. Then we tewk a trip ovver to Brooklyn; its nobbut like gooin' throo Liverpool to Burton-heead, but t' booats arn't a bit like what yo' have i' Lundun. They're like a gurt flooatin' stage, t' shape ov a teah tray, an' a big haase built on it, an' a shed for horses an' waggons, 'at all drive on as if they wor drivin' into a little taan. They're driven wi' paddle wheels, an' a big beeam engine is workin' away aght o' t' top as if it wor turnin' a factory. Brooklyn seems to be whear all t' fine fowk lives, an' a grand place it is.

After a varry jolly time in an' raand abaat New York—an' it wor jolly compared to what aw'd gooan throo befoor, for ther' wor plenty o' gooid stuff to ait an' drink—we went to Fall River, Mass., for Ananias had a friend thear 'at he wanted to see. We had to goa in a booat, an' it tewk us all neet, but it's a pleasur' to travel here whether yo' goa bi land or watter, for ther's ivvery comfort yo' can wish for. When we landed, aw can't say aw cared mich for t' lewk o' t' place. It's just abaat like Shelf, an' ther's some rare milns as big as Bottomley's or bigger. Aw saw t' fowk gooin' to the'r wark, but they dooant lewk like they do at hooam, they lewk a varry deeal better. T'young wimmen wor just drest as smart as if they wor bonnet makkers, an' t'chaps wor drest moor like book-keepers, an' they didn't shail on i' t'one step to-day an' another to-morrow style; but they just walked as smart as a dyer's seeker-in i' Bradford o' t'market-day an' some on 'em wor even smookin' cigars. But if aw spake to ony on 'em it wor t'same tale, "Varry little work, an' varry little brass." I' New York ther' wor 25,000 fowk aght o' wark, an' at Fall River ther' wor hundreds o' wayvers 'at couldn't get a day's wark to do, an' varry few 'at could get moor nor two or three days i' t'week. If aw'd had a return ticket aw should ha fun noa difficulty i' gettin' rid on it. Fall River is under t'Maine Liquor Law, an' aw wondered ha Ananias wod get on, for he nivver averaged less nor two "sensations," as he calls 'em, i' t'haar, an' aw ax'd him if he'd browt a bottle.

"A fellow can get as much tanglefoot as he likes here if he hasn't a red cent," he sed, "look y' here."

He tewk me across t' rooad, an' pointed to a winda 'at had nowt in it but a stick o' spice like a child's rockstick, but abaat hauf-a-yard long an two inch thick. "Twig?" he sed. "Weel if that's all they have left they must hev sell'd up ommost.

Ananias oppened th' door, and we went in, an' thear wor t' bar caanter just like a liquor vault at hooam, but noa bottles nor barrels, but chaps wor stud thear, an' if they'd had nowt ony stronger nor a rock-stick to suck aw'm noa judge o' fizenomony. Ananias called for 'two rye,' an' t' chap gave us each a glass, an' poold aght a bottle throo under t'caunter, an' we helpt ussen an' paid for it. Yo arnt expected to be long abaat suppin' it, soa we put it aght o' t' seet. Ananias left me wol he went to visit his friends, tellin' t' landlord 'at aw wor "solid," and when aw gate a chonce aw axed him "if it wornt agean t' law to sell whisky?"

"Course it is, but thear's nobody interferes if yo do it on the quiet. I sell more now than ever I did, and save the licence money."

Aw thowt he seem'd to be runnin' a big risk, but when aw went aght an' had a walk raand aw saw lots moor windas wi' a rockstick in. If aw hadn't lewkt into a lot on 'em aw could hardly believe 'at it could

be true, but they all seem'd to be doin' a thrivin'
trade.   T' only difference it seems is 'at a chap mun-
not be seen i' t' streets drunk, or he's sure to get lockt
up, an' as they know that, if a chap does get moor nor
he can carry steadily, they allus send som'dy hooam
wi' him.   It seems to me to be a genuine permissive
bill, for ivverybody has permission to drink just as
mich as they can pay for, an' as t' poleece are just as
fond ov a drop as other fowk, they can act booath
blind an' deeaf when it suits 'em.   Tha may think it
saands varry strange, but as aw've seen it wi' mi own
een aw will believe it.

We didn't stop thear long, an' when we gate back
to New York we had a lewk at some o' t'finest build-
in's, an' ther's plenty on 'em, an' then we tewk t'ferry
to Jersey City, an' then t' train to Albany.   As yo've
getten Pullman cars i' t' old country, it isn't necessary
for me to say mich abaat railway travellin', but ther's
one thing aw think is worth while mentionin'   Ther's
nivver ony pushin' an' thrustin' at t' railway stations
to get yor tickets, for ther's shops i' different pairts o'
t' city whear yo can go an' buy 'em a day or two be-
foor yo want 'em if yo like, an' as they're good for a
month it saves a deeal o' bother.   Albany reminded
me varry mich o' Bradford, an' Troy isn't at all unlike
Briggus, an' just abaat as far off.

Aw've nowt particlar to say abaat awther on 'em
for Ananias wor varry thrang, an soa aw did'nt get to
see mich ; but aw'd heeard a deeal abaat t' factrys at

E

Cohoes, whear they mak shawls an' dress goods, as weel as calica, an' aw thowt aw'd like to see 'em. It wor nobbut abaat an haar's ride, an' it wor worth t' trubble. Aw've allus felt praad o' t' Saltaire mills, an' aw consider 'em varry hansom, but they're nother as hansom nor as big as what aw saw here. They're seven or eight stoories heigh, 'an there's soa monny towers 'an spires abaat 'em 'at they lewk a deeal moor like public buildin's nor workshops; and t' winda bottoms are filled wi' plants, an' ther's gardens all raand 'em: an' as far as it's possible to mak' a factry lewk ornamental an' comfortable they've done it.

As aw wer' lewkin' up at a long chimley, a chap 'at aw hadn't seen says, "Nah, lad, what's ta think o' that? Ye've nowt to lick that i' Stannin'ley!"

Aw' turn'd raand an' tewk hold ov his hand an' aw felt as if aw could ha' put him i' mi pocket ommost. It wor th' furst bit o' reight gradely tawk aw'd heeard for a twelvemonth. Aw could tell bi his fushtan britches an' his greasy cap 'ut he hadn't been thear long, but he wor gettin' varry nicely into their way, for ommost befoor aw'd time to spaik he ax'd me what aw wor gooin' to tak' It seems to be t' first thing i' t' morn an' t' last thing at neet. So we went in an' had a drop o' soda watter, an' he tell'd me he'd been thear abaat six months, but trade wor varry slack, net hauf o' t' machinery goin', an' that didn't run hauf time—an' unless ther wor a big alteration i' trade they wer intendin' to shut up altogether. Ther wor a vast deeal o' want, he tell'd me, an' hundreds wor thear just becoss they couldn't raise brass to get away. When trade is gooid it must be a grand place for workin' fowk, but just nah it's as mich as a chap can do to get a livin', an' he's lucky at can do that.

Aw went an' met Ananias at neet, an' we started for Philadelphia next mornin'. When aw write to the' agean awst tell the' all abaat th' Centennial Exhibition.

When tha sends awr Mally th' news aght o' this letter, tha'd better net say owt abaat that theayter comique doo, net 'at shoo'd care owt abaat it, net shoo marry! But aw think tha'd better net. Tha can tell her 'at aw saw Henry Ward Beecher's chapel if tha likes. Split my kind love between thisen an' Arrybella, an' believe me to be

T'BOTTLE HUGGER TO ANANIAS.

P.S. Aw'm i' varry gooid spirits an' varry gooid health, an' aw'm thankful for that, an' aw think prospects are a bit breeter, but its best net to booast.

> For nooan can tell what th' futur hides,
>   An' when things seem mooast fair,
> Unseen a claad o' trubble glides,
>   An' hems yo raand wi' care.
>
> Man's life is but a breeath at best,
>   A threed 'at's quickly wrenched ;
> A stillin' ov a beatin' breast,
>   A spark 'at's easy quenched.

LETTER No. 6.

BUFFALO.

FRIEND SMITH,—

Aw begin to feel thankful 'at aw com here, for if aw hadn't aw'm sewer aw should ha' missed a deeal 'at's worth hittin'. T' farther aw goa an' t' moor capt aw am. New York surprised me aboon a bit, but Philadelphia licks all aw'd ivver fancied. They call it Quaker City, an' they do reight, for it's just as clean an' trim lewkin as if it wor a Quaker. 'T' furst thing 'at struck me when aw left t' train wor Ananias's fist, for, as usual, he wor dry, an' wanted to call mi attention to a place whear he could leck on. T' next thing wor t' width o' t' streets, ommost all on 'em as straight as an arrow, an' t' beauty o' t' buildins. Ivverything lewks as clean an' neat as if ther wor nawther dust nor smook. T' haases are mooastly built o' red brick, an' t' door jawms an' t' steps an' t' winda bothams are all white marble. Walnut Street, Chesnut Street, an' Market Street, cannot be likt bi owt tha showed mi i' Lundun, an' t' shops are hansomer, takkin' 'em all together, nor ony aw ivver saw befoor. Some on 'em are built o' white marble, an' ommost covered wi' ornaments, an' when aw walk past an' see t' show o' stuff o' ivvery side, t' width o' t' street, an' t' craads o' weel-drest fowk, aw can hardly wonder at t' pride they feel i' what they are an'

what they have. Ov coorse, one o' t' first things
we'd to goa an' see wor t' Exhibition, soa we gat into
a street car an' started off for Fairmount Park, which
is booath bigger an' grander nor t' Central Park i'
New York. Tha can form a bit ov a noation o' t'
size on it when aw tell thi it's a nine mile walk throo
end to end. T' river Schuylkill runs throo it an' is
dotted wi' booats, little an' big, an' then there are
shady walks an' sunny summer haases whear ye can
rest,—hills ye can climb an' get views 'at cannot be
described wi' pen an' ink. An' trees an' flahrs an'
faantains 'at surraand ye ivverywhear, an' 'at set ye
thinkin' 'at if t' Garden o' Eden wor hauf as hansum,
it's a thaasand pities at Mistress Adam wor created
wi' a taste for raw apples. T' Exhibition itsen rayther
knockt t' consait aght o' me, for although aw'd ex-
pected findin' it a big un,—for they seem to goa in
for ivverything big i' this country—yet aw wornt pre-
pared to find it owt like as big as it is. Why ther's
mony a taan at hooam 'at sends two members to
Parliament 'at doesn't stand o' onny moor graand.
Even Ananias seem'd a bit capt, an' it isn't a little 'at
can cap him. We walked past two or three big build-
ins, ony on 'em big enuff for a exhibition, an' aw be-
gan to wonder if he meant to goa in or whether he'd
keep p'radin' abaat all t' day ; but when aw saw a
smile creep ovver his face an' he started off like a
shot, aw mud ha' known, if aw'd gi'en it a thowt
what he wor huntin' after. We sooin landed in a

place whear hundreds o' thirsty souls wor callin' aght for "cocktails," "mint juleps," "stone walls," "brandy smashes," "crusade cordial," and scoors moor sich like. Ananias swallowed an "eye-opener," an' aw had a "ginsling," an then he called for a powder flask, which turned aght to be a bottle o' whisky, an' as sooin as aw'd getten it i' mi pocket he made a start to see what wor to be seen.

To offer to tell what we did see wod be just abaat as interestin' as readin' a dickshunary, an' as tha's seen exhibitions at hooam tha can form a varry gooid idea what it's like. Exhibitions allus seem to me varry much like ovvergrown brokers' shops, but ther's just one thing 'at aw may mention, an' that is, t' fowk i' t' old country 'at place soa mich faith i' t' betterness o' ther own stuff, an' fancy 'at Yankees are a long way behind 'em, wo'd be varry likely to alter ther noashuns if they knew moor abaat it. Carpets an' damasks are quite as gooid as owt aw've ivver seen at hooam, an' hardwares o' ivvery sooart is a match for owt 'at's turned aght o' Sheffield. We spent two whole days i' gapin' abaat, an' when we left it we'd seen varry little indeed, compared to what wor to be seen. We met lots o' English fowk, an' they wor easy to tell, for they dooan't seem to have t' knack o' makkin' thersen at hooam. Aw wor varry quiet, for aw couldn't get a chonce to speak, for Ananias had soa mich to say. He wor jist like a walkin' guidebook. Aw nivver met wi' a chap 'at had sich a gift

o' t' gab i' mi life. Aw felt reight stall'd aght when
we sat daan to a furst-rate supper 'at t' Continental
Hotel. It's a slap up shop, an' aw should call it varry
expensive, but Ananias says a thing's cheap enuff if it's
worth it. He left me in a bit to amuse misen as best
aw could wol he went after a bit o' business ov his
his own. Aw lit mi pipe, (an' aw may jist mention
here at aw've nivver had a bit o' daycent bacca sin aw
coom, for it's all like smokin leead pencil cuttin's,)
an' aw stroll'd aght, wonderin' what t' do wi' misen.
As aw wor passin' a big buildin', aw saw a lot o' fowk
craadin' raand t' door, an' a big bill 'at wor pasted
sed ther wor gooin' to be a teetotal lectur', an' as t'
front seeats wor nobbut twenty-five cents an' t' back
seeats wor free, aw thowt aw'd speklate o' one o' t'
back seeats, for aw wor feelin varry tired an' aw mud
as weel sit daan thear for an haar or two as goa ram-
mellin' abaat t' streets. After a bit o' thrustin' aw
gate inside, an' a rare hoilful ther wor. Aw managed
to get into a corner, an' aw wor just gettin' ready for
a bit ov a sleep, when t' lecturer made a beginnin'.
Aw couldn't see him throo whear aw sat; but aw
ommost jumpt agt o' mi skin. Aw wor sewer aw
couldn't be mistakken wi' that voice, an aw stood up
o' t' seeat to get a gooid luk at him. Aw rubbed mi
e'en an' blew mi nooas to mak sewer aw worn't
asleep; but aw couldn't be mistakken; aw wor wide
wakken an' i' mi sane senses, an' thear stud,—who
does ta' think? If it worn't Ananias aw'll be hung.

My furst thowt wor to jump daan an' run ; but as a chap behind saved me trubble wi' jarkin at mi coit laps, aw sat daan at t' top ov another chap's hat, an' decided to wait an' hear what he'd have t' impidence to say.   He tawkt for aboon an haar, an' aw nivver heeard sich a black nomony abaat "The Demon Drink" as he gave us, an' aw nivver knew befoor 'at drinkin' cowd watter wor sewer to mak a chap healthy, wealthy, an' wise, as weel as religious an' honest; but he showed it clear enuff, 'at if ther wor noa drink i' t' world ther'd be noa moor wickedness, ivvery body'd be prosperous an' happy, t' prisons 'ud have to be turned into hot pey shops, an' parsons an' policemen 'ud be all aght o' wark.   Ha he could fashion to stand up thear wi' a pint o' whisky in his stummack, if he'd a drop, an' say sich things as he did, aw cannot tell ; but it wor evident 'at fowk believed all he sed, for one minnit they laft, an' t' next they cried, an' they clapt the'r hands wol they must ha' been sooar ; an' when he warked hissen into a passion, an' call'd for 'em all to sign t' pledge befoor they went away, for fear they might fill a drunkard's grave if they didn't, ther' wor a reglar rush up to t' table, an' it tewk three chaps to find 'em wi' pens an' paper.

Aw wor hauf inclined to goa an' sign missen, but aw thowt if Ananias, 'at knew soa mich moor abaat it nor aw did, dar run t' risk of "The Drunkard's doom," ther wor noa need for me to be in a hurry.

Aw'd one satisfaction at ony rate, an' that wor aw'd
discovered his secret, an' aw knew whear his brass
com throo.

A'a, dear! aw felt fast what to mak on him, for it
worn't possible net to see 'at he'd a gooid deeal o'
faults, but still he'd a deeal abaat him 'at wor gooid
for all that. Ther wor nowt selfish abaat him, for
he'd give th' last bit aght ov his maath to onybody 'at
wanted it, an' it set me a thinkin' abaat other fowk
an' other things, an' aw wrote 'em daan on a bit o'
bacca paper, an' this is it—

Aw like fowk to succeed i' life if they've an honest aim,
An' even if they chonce to trip aw'm varry looath to
    blame ;
It's sich a simple thing sometimes makes failure or
    success,
Th' prize oft slips by strugglin' men to them 'at's striven
    less.
Aw envy nub'dy Fortun's smiles, aw lang for 'em misen,
But them 'at win her favours should dispense 'em nah
    an' then ;
An' them 'at's blest wi' sunshine let 'em think o' those
    i' t' dark,
An' nivver grudge a helpin hand to him 'at's missed his
    mark.

We cannot allus hit it, an' ther's monny a toilin' brain,
Has struggled for a lifetime, but it's efforts proved in vain ;
An' monny a hardy son of toil has worn his life away,
An' it's ta'en him all his efforts to keep poverty at bay.
Whilst others, by a lucky stroke, have carved ther way
    to fame,
An' ivvery thing they've tackled on has proved a winnin'
    game ;

Let those who've met wi' fav'rin winds to waft life's litt.e
bark,
Just spare a thowt an' give a lift to him 'at's missed his
mark.

Aw hate to hear a purse-praad man keep booastin' ov
his gains,
Sneerin' at humble workin' fowk who 're richer far i'
brains ;
Aw hate all meean, hard, graspin' slaves, who mak ther
gold ther God,
For if they could grab all ther is, aw'm pretty sewer they
wod.
Aw hate fowk sanctimonious whose humility is pride,
'At when they see a chap distressed pass by o' t'other
side ;
Aw hate those drones 'at share earth's hive but shirk ther
share o' wark,
Yet curl ther nooas at some poor soul, who's toiled, yet
missed his mark.

Give me th' man whose heart can feel for other's griefs
an' woes,
Who loves his friends, an' nivver bears a grudge ageean
his foes ;
Tho' kindly words an' cheerin' smiles are all he can
bestow,
If he gives that wi' willin' heart he does some good
below.
An' when th' time comes, as come it will, when th' race
is at an end,
He'll dee noa poorer for the gooid he's ivver done a
friend ;
An' when they gently put him by, unconscious, stiff, an'
stark,
His epetaph shall be, "Here's one 'at didn't miss his
mark."

Aw didn't see him agean wol next mornin', an'
as we wor sittin' waitin' for us breykfast aw couldn't
help givin' him a hint abaat it. Aw expected he'd
lewk a bit capt an' rayther shamed ov hissen, but he
didn't, an' wen aw ax'd him if he thowt he wor dooin
reight, he sed he felt sewer he wor, for he wor dooin
a deeal o' gooid, an' he had to mak a livin' someway,
an' t' moor brass fowk paid to hear him, an' t' less
they'd have to spend o' drink, an' as it wor a sad evil
he wor detarmined to do his best to put it daan. If
he meant to put it daan his throit, aw must say 'at he
tews hard, an' as ivvery glass he sups leaves one less
for other fowk to have, he must be t' meeans o' keep-
in' some fowk sober.

That day we went to t' Falls o' t' Schuylkill to have
a look at Dobson's carpet works, an' it's like another
Crossley's consarn. They're mooastly Yorksher an'
Lancasher fowk 'at live thear. It's nobbut a gooid
sized village, an' ommost all t' fowk work for Dob-
son. But things are nobbut in a poor way, for it's t'
same here as elsewhear—varry little wark an' varry
little brass. It's ten thaasand pities to see soa monny
hundreds o' fowk 'at's able an' willin' to wark, strug-
glin' on an' net able to tell when they goa to bed at
neet whear t' next day's breykfast is to come throo.
Aw hed a long tawk wi' one chap, an' he tell'd me 'at
ther wor believed to be near on 50,000 fowk aght o'
wark i' Philadelphia, an' at neet even t' poleece-
offices an' t' prisons wer ommast mobb'd wi' daycent

fowk beggin' to be allaad to sleep onywhear aght o'
t' streets. T' city wor deeply i' debt befoor, an' t'
Exhibition had added eight million dollars to it, an'
ther wor noa prospect 'at it wo'd ivver pay a dollar
on it back, for altho' soa monny fowk went to see it,
yet t' daily receipts didn't moor nor cover t' daily ex-
penses. Aw felt thankful 'at aw'd been lucky enuff to
fall in wi' Ananias, even tho' he doesn't practice what
he preyches, but tho' it's varry nice to travel abaat an'
see fresh places, yet awst feel better content if aw can
nobbut get back hooam an' get another loom.

We left Philadelphia an' com on to Buffalo. We
passed throo some grand scenery, an' it lewks a varry
nice sooart ov a place. All t' walls are covered wi'
bills abaat a "Temperance Oration" 'at's gooin to
be gi'en, an' although t' name isn't Ananias aw know
who it meeans; but as t' same name may some day be
seen on t' walls at hooam, it willn't do for me to tell
tales. Ananias has fun aght a new way for me to
get to see t' city. Aw dooant know what our Mally'd
say if shoo could see me walkin' along t' streets wi' a
booard at t' front an' another behind, an' 'liverin'
aght bills, wi' a short pipe i' mi maath an' a white
hat o' mi heead, an' t' gravy runnin' daan mi face as
if mi heead wor rooastin'; but aw'm a sooart o' part-
ner nah i' t' teetotal trade; aw do all t' walkin' an'
Ananias does all t' tawkin' It isn't a job 'at suits me
exactly, an' aw dar say tha'll be inclined to laff at it,
but it's varry wise to say little, for a chap doesn't

know what he may come to. We've all a cross o' some sooart to carry i' this life, an' if mine isn't exactly a cross, ther's as mich timber i' them two booards as wo'd mak a couple.

When we've done here an' convarted as monny fowk as 'll believe all 'at Ananias says, we are gooin' to see Niagara Falls, an' then we start for Washington. Aw hav'nt time to write ony moor just nah, for Ananias has just browt in a bottle o' Bourbon—that's t' best whisky we can buy here, an' as we allus mak a practice o' finishin' it befoor we goa to bed, to prevent onybody findin it an' fallin' into temptation, believe me to be,

T'SAME SAMMYWELL GRIMES,
ONCE A PAARLOOM WEYVER, NAH A
WALKIN' SANDWICH.

LETTER No. 7.

WASHINGTON.

FRIEND SMITH—

Ay, lad! It 'ud mak' a pig laff to see an' hear all 'at aw have to goa throo, an' t' warst on it is aw'm fooarced to keep mi face straight, an' lewk as solemn as if aw'd swallad a church.   Ananias an' me's been in a grand mess sin' aw sent thi t' last letter.   Tha nivver saw a place as chock full o' fowk as that wor when Ananias gave his oration.   Even t' platform wor packed full.   T' warst on it wor 'at t' orator wor as full as t' hall, an' when he started tawkin' he couldn't get on for hiccupin'.   He seem'd to forget all he had to say, an' asteead o' givin' a teetotal speech he gate on to his favourite "Stars an' Stripes," an' aw knew then 'at it wor all up.   T' fowk set varry quiet for a time; but when he began to tawk abaat "t' third term" an' President Grant, an' sed, "'Lect me, an' when I get to be guvnor I'll give you some of the best rye in the country,' they began to lewk at one another, an' seem'd to think 'at they'd made a mistak' an' come to t' wrang shop.   A respectable lewkin' chap in a white choaker went up to him an' whispered summat in his ear, an', takkin' hold ov his arm, walked him away aght ov a side door.

Aw've heeard it sed 'at ther's noa fowk i' t' world 'at can cheer like Englishmen.   Happen net, but as

far as grooanin' gooas aw'll back t' buffalos. Three
or four chaps wor stud up, all tryin' to tawk at once,
but aw couldn't hear a word 'at wor sed, an' aw
shouldn't ha' stopt if aw could. Aw elbowed mi way
aghtside, an' as aw'd booath o' mi pockets stuft full
o' dollar bills an' shin plaisters aw made t' best o' mi
way hooam, an' waited wol Ananias turned up. Aw
hadn't varry long to wait, for he coom in smookin' a
cigar an' lewkin' as if nowt had happened. As sooin
as he knew 'at t'brass wor all reight he stuck his feet
up o' t' mantleshelf an' axin' me if ther' wor ony
"lotion" left, he filled hissen a glass, an' prepared to
have a comfortable neet on it.

Tha knows, Smith, aw've allus made it my booast
'at if aw'm poor aw'm honest, 'an aw must say 'at
Ananias's style o' gettin' a livin' didn't just suit my
noashuns, an' aw tell'd him soa. He lis'ened to all
aw had to say, an' it wor noa little, an' when aw'd
finished sat waitin' for an answer. Aw felt sewer 'at
aw'd touched him in a tender place, for he threw
away his cigar an' put a lump o' bacca in his maath,
an' started spittin' at an ornament i' t' far corner o' t'
raam, an' in a bit he turns to me, an' he says, "Look
'ee here, mi sprightly Kangaroo; my little game's
busted. Can't get up any more lectures in these here
parts, s'pose you work the oracle, eh ?"

"Aw dooant know what tha meeans," aw sed, "but
if tha thinks 'at tha can mak' a lecterer aght o' me
tha'rt mistakken.'

"All right, old boss," he sed, "squat-i-voo an' make yourself miserable, an' to-morrow morning, as soon as we get to see the daily paper, we'll be off for Niagara."

Aw did'nt sit up long, for he went to sleep, soa aw crept off to bed.

Next mornin', befoore aw gate up, he com hammerin' at t' door an' chuckt in t' mornin' paper for me to read. Aw felt varry narvous when aw oppened it, for although it wor hardly likely 'at onybody 'd blame me, yet aw didn't feel comfurtable to know 'at aw'd been mixed up wi' out o' 't sooart.

"Grand Temperance Oration," t' big letters, an' this is what it sed :—"Last night, the inhabitants of our city had a rich treat, of which a great number availed themselves, in listening to a masterly oration from the popular temperance advocate B— B—. The magic of his voice held them spellbound for upwards of an hour, and at the close a large number gave proof of the power of his eloquence by signing the pledge. The thanks of the community are due to those hard-working, self-denying men who so freely devote their time and talents to the noble work of arresting the devastating march of King Alcohol."

After readin' that aw thowt t' sooiner we started off for Niagara Falls, or onywhear else, an' t' better, for aw wor sewer o' one thing, 'at awther t' chap 'at had written that had been dreamin', or else aw had. After a gooid brekfast we started off in a "buggy," we

should call it a phayton, an' had a varry pleasant ride
to t' Fall, an' it'll nobbut be wastin' booath thy time
an' mi own if aw try to tell thi what it's like. Ther's
nowt caps me moor nor whear all t' watter comes
throo, except whear it gooas to. Why, one 'ud think
'at ther's as mich watter runs ovver thear in a day as
'ud turn t' world raand if ye could nobbut tell whear
to fix a watter wheel. They charge ye nowt for hear-
in' it, and that's worth gooin for; but if ye want to
see it ye've to pay, for it's all fenced in as if it wor
private property. Ov coorse we went in, an' ov
coorse we didn't pay; for Ananias had soa mich to
say to t' chap 'at he nivver ax'd us for a cent, but
tewk us into a grand hotel an' treated us to what we
liked to sup. We went ovver, an' under, an' raand
abaat, an' all aw can say is, aw wor glad to leeav it;
for ther' wor summat soa awful abaat it 'at aw think a
chap 'at'll risk walkin' ovver it on a tight rooap wodn't
hesitate to goa daan into t' bottomless pit for a leet
to his pipe.

We drave back to Buffalo, an' tewk passage on a
steamer to cross Lake Erie to Detroit, for Ananias
sed as we'd a day or two to spare, an' we worn't
baght brass, we'd better see a bit o' t'country. Ther'
wor nobbut one passenger beside us, an' as he wor a
cheerful sooart ov a chap, we managed to get on
furst rate. Aw dooan't know hah it is, but ther's noa
place i' this country whear ye can get owt as gooid
to eyt and as nicely set aght as ye can on booard t'

F

booats.   Queen Victoria may sit daan to a bigger table, but shoo's noa better stuff on it.   If aw'd to get three sich meals a day for abaat three months, awr Mally 'd swear aw wor tryin' t' Tichborn' dodge when aw gate hooam.   It wor a roughish ride, an' it just tewk us twenty haars to get across, an' we went at a famous speed.   If they'd tell'd me aw'd been gooin' back hooam aw should'nt ha daated em, for t' waves were a deeal bigger nor aw'd ivver seen befoor'; an' ther' wor nowt but watter an' sky to lewk at.   When it com dark t' captain invited us into his office, an' browt aght some cigars and three or four black bottles, an', best ov all, "that merry bit o' timber,' a fiddle.   When he started playin' a jig, aw reeally did think 'at Ananias had gooan cleean off t' side; nowt 'ud do but he mun hev a step, an' as his legs wor varry long, an' seem'd to be hung on wi' wire, an' his feet wor t'biggest pair o' beetle crushers tha ivver saw, an' as t' place wor a varry little 'un, an' as he'd nivver leearned to dance, an' when he tewk up his fooit he couldn't tell within haaf a yard whear he wor likely to put it daan, it made things varry lively for a bit.   T' captain jumpt on t' top o' t' table, an' aw tried to follow him, for it worn't safe onywhear else, but Ananias tript me up, an' aw wor glad to roll under aght o' t' gate.   Hah long he'd ha' kept at it aw can't tell, hed n't one o' t' bottles upset, an' that browt him to his senses, for he's one it 'ud rayther sup nor spill; soa aw crawled aght, an' begg'd o' t'

captain to let's have a bit o' singin' asteed o' onny
mooar doncin' As Ananias wor aght o' puff he didn't
have owt to say, soa wi' a bit ov a fuss makkin' t'
captain persuaded t'other passenger to give us a ditty.
He worn't mich ov a singer, an' it worn't mich ov a
song, but, for a blessin', ther' worn't mich on it. Tha
can judge for thisen.

> Where shall I hide my throbbing head ?
>   How shall I ease my heart of pain ?
> 'Twere better far that I were dead,
>   Than loving, not be loved again.
>
> My love receives my vows with scorn,
>   And hears my sighs with cold disdain,
> 'Twere better I had ne'er been born
>   Than loving, not be loved again.
>
> Oh for some philter that should prove
>   Of subtle power, her love to gain,
> 'Twere better ne'er to taste of love,
>   Than loving, not be loved again.

"Don't you cave in, old boy," sed Ananias, "let
her rip ! but just look 'ee here, if you're in want of a
filter I'm the man for your money : I've got a filter
that'll drain all the dregs of humanity out of this
glorious country, an—"

He tell'd him that worn't t' sooart ov a filter he
meant, an' t' captain call'd o' Ananias for t'next song.
He didn't ax 'im twice, an' he struck up,

Drink, comrades drink, let the wine quickly pass,
Our trials and troubles we'll drown in the glass,
Regret not those pleasures that past you have flown,
Your spirit will rise as the liquor runs down,
The maid's dazzling eyes that with love seem to shine,
Contain more deceit than a hogshead of wine,
And the glittering gold with its musical chink
Is the root of all evil, then drink, brothers drink !

> Drink, comrades, drink, let the wine quickly pass,
> Our trials and troubles we'll drown in the glass ;
> We'll gaily carouse whilst the bonny stars blink,
> And startle Aurora with drink, comrades, drink !

The rose may be red, but still redder the draught,
Of the rich ruby wine which invites to be quaff'd ;
Dull care plumes his wings and makes haste to depart,
When the generous liquor encircles the heart,
May the drinkers of water ne'er want a full bowl,
But a glass of good wine suits a generous soul ;
Not one here will grudge them of either, I think,
So pass round the goblet and drink, comrades, drink,
> Drink, comrades, drink, &c.

As sooin as he finished, he did pass raand t' goblet
but it wor empty, an' then he declared it wor t' cap-
tain's turn, an' as he'd entered into t' fun o' t' thing
he began withaat ony moor adoo.

> Far away from my native land
>> Over the trackless ocean ;
> On the vessel's deck I stand,
>> And watch the wave's commotion

Sea below and sky above,
 Wild winds whistle o'er me ;
Yet the splashing spray I love,
 With the open sea before me.

Then here's to the sea, the dark blue sea,
A life on the sea for me.

 Brave hearts round me, tried ones near,
  What, though storms assail us ;
 Strangers to all thoughts of fear,
  Courage ne'er shall fail us.
 Free as air we love to roam,
  Pleasure is our duty ;
 Every sea affords a home,
  And every port a beauty
Then here's to the sea, &c.

Just as he finished aw jumpt up an' sed aw thowt
it wor time for bed, but Ananias declared aw should
sing a song or else sit up all t'neet, soa ther wor nowt
for it but to get it ovver, soa aw jog'd mi mem'ry
an' gave 'em one 'at wor a fav'rite i' mi young days.
Aw nivver tried to sing it but once, an' that wor when
aw wor coortin, an' as Mally ax'd me what aw wor
blatin abaat, aw'd nivver tried it sin.

Young Jockey he bowt him a pair o' new shooin,
  Ooin, ooin, ry diddle dooin,
Young Jockey he bowt him a pair o' new shooin,
For he'd made up his mind he'd be wed varry sooin ;
An' he went to ax Jenny his wife for to be,

But shoo sed, "Nay, awl ne'er wed a hawbuck like thee,
        Thi legs is too lanky,
        Thi head is too cranky,
It's better be t' hawf an old maid aw should dee."

Young Jockey then went an' he bowt him a gun,
        Un, un, ry diddle dun,
Young Jockey then went an' he bowt him a gun,
For his ivvery hooap i' this wide world wor done ;
An' he went an' tell'd Jenny "to end all his pains,
He'd made up his mind at he'd blow aght his brains,"
        But shoo cared net a pin,
        An' shoo sed wi a grin—
"Before they're blown aght tha mun get some put in."

When aw wor singin' t'furst verse, t' captain an' t'passenger went aght, an' befoor aw'd finished t' second Ananias wor asleep ; soa aw couldn't see t'fun i' singin' t'other thirty-eight ; an' aw went to bed.

Next day we spent walkin' abaat Detroit. It's a reight bonny place ; it isn't varry big, but it's just sich a place as aw could like to live in. Ther wor nowt particlar to stop for, soa we teuk t' train for East Saginaw, Michigan. Aw began to feel a bit like gettin' aght o' t' world. This is whear t' timber trade's carried on. It's a big city, when ye come to think 'at it's left ommost empty for six months i' t'year. When we wor thear it wor thrang enuff for all t' woodcutters had come into t' city, an' as they bring six months' wages i' ther pockets, an' they all seem to be tryin' who can get shut o' t' mooast brass i' t' leeast time, things are pretty brisk. Aw suppoase it's ther brass 'at keeps t' place goin', an' they seem to know it. The're t' biggest, an' t' strongest, an' t' roughest set o' chaps aw ivver saw, an' aw've noa desire to know ony moor abaat 'em. Ther's a gooid deeal o' niggers here, an' aw've seen moor or less i' all t' places aw've been at: but as aw've been tell'd 'at aw've net to form an opinion till after aw've been to Washington, aw'll say nowt abaat 'em.

We spent a day or two riding abaat, and went to see a number o' sawmills an' places whear t' timber is drest an' made ready for t' market. Aw could nivver mak' thi believe what they're like, even if aw could tell thi. They've machines for ivvery kind o' job an' they can tak' a tree 'at leuks as if it 'ud tak' o' week's hard wark to move it; an' it's just passed throo one machine to another as if ther' wor noa weight in it, an' in a varry short time it's made into planks, an' piled up waitin' to be shipped. Aw've seen a gooid deeal i' t' machinery line, but aw nivver saw owt on as big a scale.

We left thear for Syracuse, an' had a long ride throo a rich country. It's a little city, neat, an' trim, an' clean, an' t' haases lewk t' pictur o' comfort. It's a varry quiet little place, an' varry little trade, but t' fowk all seem to be varry weel off. Ther's nowt particular abaat it, but t' canals 'at run throo t' centre, an' 'at's crossed wi' ornamental bridges ivvery few hundred yards, an' it lewks rayther queer to see t' railways running throo t' middle o' t'principal streets. Ther's some grand walks raand abaat; an' t' cottage haases are covered wi' vines, an' ommost burried wi grapes.   Aw wor stud lewkin' at one when Ananias pooled me away, an' sed he thowt it 'ud pay us better to hurry on to Washington nor to stand lewkin at other fowks' grapes, though he tewk care to help hissen to a bunch ; soa, after another " liquor," we went to t' depot and started off.   As aw slept ommost all t' rooad, all aw can say abaat it is, 'at we landed here all safe, an' as sooin as aw've had a lewk raand aw'll send thi word what aw think abaat it.   Be sewer an' tak' care o' thisen, and believe me to be,

COLONEL GRIMES

P.S.—As ivvery other chap ye meet is awther a colonel or a general, aw think aw may as well be i' t' fashion.

LETTER No. 8.

WASHINGTON

FRIEND SMITH—

It's possible to have too mich ov a gooid thing, an' altho' aw think it's a gooid thing to have fine wide oppen streets, yet aw think they've carried it rayther too far i' Washington. They call it "The city of magnificent distances," an' it's true enuff; but they mud ha' called it "T' city o' troublesome distances," an' it 'ud ha been just as true. It's ommost a little journey to cross some o' t' streets, an' t'wind whistles raand ye as if ye wor on t' top o' Rummels Moor. Takkin' it altogether as a city, aw dooan't think mich on it. Ther's two or three gooid hotels, an' a couple o' theayters, a grand museum, an' some second-rate shops, but it lewks bare an' seems as if they'd a deeal moor land nor they know what to do wi' We went to have a lewk at t' Mint, an' it's a low, flat buildin' like a stooan cash-box, an' net mich unlike that i' Lundun, nobbut it's cleeaner. Then we went to see t' haase whear t' President lives, but it isn't hauf as as big nor a quarter as hansum as lots raand abaat Bradford 'at belangs tradesfowk. But ther's one buildin' 'at licks owt tha had to show me, or owt aw've ivver seen befoor, an' that's "The Capitol." It's for t' same use as t' Haases o' Parliament at hooam, but it's twenty times as grand to my thinkin'. Just try to fancy St. George's Hall at Liverpool wi' St. Paul's Cathedral stuck on t' top, an' all built o' marble, soa pure an' white 'at it fairly dazzles yer een to lewk at it; then tak it an' plant it at top ov a hill 'at's covered wi' green trees, an' tha can get summat ov an idea what it's like. When aw first saw it aw should be abaat a mile off it, an aw stood stock still, for aw hardly knew what to mak on it. T' sky wor a deep blue, an' t' sun wor shinin' full on t' tree tops, a gentle breeze just keepin' 'em movin', an' ovver t' top wer reared this big white temple. But to me it lewkt as if they'd cut a hoil i'th' sky an' ye saw it o' t' other side. If aw'd had my ticket for hooam i' mi pocket an' t' last train had been gooin' to start, an' noa chonce 'at ther'd ivver be another as long as aw lived, aw should ha missed it. We went to it, an' had to climb up a lot o' steps t' same as gooin' in t' front door o' t' Leeds taan hall, but all white marble, an' cleean enuff to eyt off on, an' we fan it all oppen an' free, soa we went in. It's ommost enuff to mak ye tremmel to stand an' lewk up at that dome, yet ivverything has a bare, unfurnished lewk, as aw fancied St. Paul's had. T' staircases wor varry fine, an' a famous lot o' pictures o' battles bi land an' bi watter wor hung up, an' on abaat ivvery sixth step wor a big brass spittoon. But t' picturs are nowt like as grand as some 'at tha showed me, an' ther worn't near as monny on 'em. In fact aw think they must be awther short o' time or taste, for aw havn't seen as monny pictures sin' aw com into t' country as tha showed me in a day at Lundun, an' one 'ud think 'at ther'd nivver been but two men in America 'at could ivver be persuaded to sit for the'r likeness, an' that's Washington an' Lincoln, an' ye find theirs ivverywhear. Abaat t' warst lewkin' raam i' t' lot wor whear Congress meets. Ivvery chap has a seeat an' desk an' a spittoon to hissen, an' they tell me 'at t' mooast on 'em mak a deeal moor use o' t' spittoons nor o' t' desks. Ther's a rare big bar whear ye can get owt to eyt or drink, an' Ananias spent a long time examinin' it, an' when we com aght he seem'd to be i' rayther better spirits, an' aw wor glad on it, for he'd seem'd to be i' t' dumps ivver sin' we left t' booat at Detroit. As he appeared in a better temper aw ventured to ax him what wor t' reason he'd been soa aght o' sooarts.

" Sammywell," he sed, an' he lewkt at me varry solemn, " I've been guilty of great injustice to myself and others."

" well," aw sed, " aw'm varry glad 'at ye're be- ginnin' to see it i' that light, an' if ye're anxious to mend matters ye'll find 'at whear ther's a will ther's a way."

"Too late! It's lost! and I shall never find it more."

"Oh, dunnat say soa, mun, if it's peeace o' mind 'at ye've lost ye can find it if—"

"Piece of mind!" he sed, lewkin' at me as if he wor gooin to swollow me, "It's that piece of a bottle I'm thinking of!" an' seein' 'at aw didn't understand what he meant he sed :—"When the sounds of your mellifluence sent me to sleep when we were on board the boat, three bottles were standing on the table. When I awoke the bottles were still there, and I was alone ; one was empty, the other soon became empty, but one was nearly full, and for fear lest it might prove a temptation to some weakminded man, I put it under my pillow for safety, and in the hurry of landing I left it there."

Aw crackt aght laffin'—aw couldn't help it,—but it didn't seem to be onny laffin' matter to him, an' as he began to get varry-glumpish agean aw tewk him into a druggist shop, whear he gate a double dooas o' "crusade cordial," an' then we went to t' American Hotel to see after a bit o' dinner.

Awr Mally allus maks a terrible do if shoo sees a cockroach or two abaat t' haase floor ov a neet, but aw wonder what shoo'd think if shoo could ha' seen us sat daan at that dinner. Ther' wor as mich silver an' glass abaat as 'ud ha' filled Manoah Rhodes's winda, but as monny cockroaches as could ha' carried it away if they'd felt soa inclined. They wor abaat an inch long, an' colour ov a Barcelona nut, an' as lively as crickets. Aw'd fancied aw wor gettin' used to wick things o' one sooart an' another, for what wi' flies at Montreal, katydids an' fireflys at New York, mosquitos at Philadelphia, t' mayfly shower at Buffalo, an' a mixture o' all t' lot an' a swarm o' fleeas thrown in at East Saginaw, aw hardly expected to meet wi' owt else surprisin' i' that line ; but this lickt all. They wor runnin' abaat on t' white table-cover, hoppin' on to yer plates, gettin' into yer ear hoil, an', for owt aw know to t' contrary, gooin' daan yer throits.

"It's noa use," aw says, "aw cannot stand this, Ananias."

"Oh, they're quite harmless," he sed.

"It's a jolly gooid job 'at they are," aw says, "or else t' landlord o' this shop 'ud varry sooin have to shut up." Aw seemed to be t' only chap 'at tewk ony noatice on 'em, soa aw sed noa moor. All t' waiters wor niggers, an' as they wor drest i' white the'r hands an' faces lewkt blacker nor ivver, but aw wor glad t' find 'at they seem'd a better sooart o' darkies nor what aw'd seen elsewhere.

Aw'm baan to say summat abaat t' niggers nah ; net what aw've read nor what aw've heard, but what aw've seen ; an' if thee an' Mistress Smith dooan't believe it, ye'll nobbut be t' same as aw wor befoor

aw proved it. When Harriet Beecher Stowe discover-
ed Uncle Tom shoo wor lucky, for he wor t' last o'
that breed, an' onybody 'at gooas huntin' for sich a
one nah is likely to get the'r labour for the'r pains.
But recollect ther's niggers *and* niggers. Ivverybody
'at's getten a dark skin isn't a real nigger. But they're
easy to tell when yo've been amang 'em a bit. Aw
nivver heeard one person, male or female, give a nig-
ger a gooid word sin' aw landed i' t' country. Aw've
heeard plenty 'at's pitied 'em, an' 'at's been willin' to
help 'em all they could, but nivver one 'at's believed
it possible to benefit 'em. It's seldom a nigger tells
t' truth, unless he hasn't time to invent a lie, an' ther's
varry few but what 'ud rayther steal an' starve nor
wark, even at a easy job, an' haddle a deacent wage.
As long as a nigger can get a chew o' bacca for his
cheek, an' a wall or a pooast to rear his back agean,
he'll do nowt unless he's forced.

When at Philadelphia aw went to one o' the'r
chapels, an' aw did wish throo t' bottom o' mi heart,
'at some o' t' fowk 'at labour so hard at hooam to
collect brass for missionaries, bibles an' sichlike,
could see wi' the'r own een what is to be seen, an'
then judge for thersen whether it wodn't be wiser to
keep some on it at hooam, whear ther's soa mich
needed, an' whear ther is a chonce 'at it may do some
gooid. Aw'm net varry thin skinned, but that one
visit wor enuff to sicken me. Ther' wor one or two

white fowk thear beside me, but they wor nobbut thear for "t' fun o' t' thing," as they sed. It saands varry weel to tawk abaat soa monny hundred bein' converted at this place, an' sich a lot attendin' a meetin' at some other place, but what does it all com to ? It's just this : Mak a feeast o' ony sooart they're net particlar, an' ye can get all t' niggers i' t' district, an' they'll stop an' listen to all yo have to say, an' beg o' the'r bended knees for a Bible (they dooan't care for tracts), an' i' hauf-an-haar they're scattered far an' near ameng t' lowest whisky shops they can find, tradin' 'em for five cent poison. They can't read, but they can drink. Aw've seen it, an' soa aw know.

But ye'll be inclined to ax, " What are t' missionaries doin' ?" It's net for me to say what they're doin' ; let them answer for thersen. It's nobbut been my luck to know two, an' one on 'em seemed to care for nowt but his own comfort, an' t' other—a young chap throo Scotland, 'at had read a deeal, an' believed it, abaat missionary work—was soa shokt at what he saw—net ameng t' niggers only but ameng them 'at wor suppooased to be working for the'r gooid— 'at he sent a letter back to t' society 'at sent him aght, an' gave it up as a bad job. He's nah a minister at New Jersey.

But tha'll happen say, " Lewk at Fred Douglas an' sich as him ?" But Fred Douglas isn't a nigger—he may have a dark skin' but that's nowt to do wi' his brains! If ye can nobbut cross t' breed wi' English or Spanish or some other ther's a chonce o' improvement, but aw'm feeard ther'll nivver be mich crossin', for a nigger's best at a distance, an' i' hot weather t' longer t' distance an' t' better. Aw've heeard a gooid deeal sed abaat fowk objectin' to ride i' t' same cars, or sit i' t' same pairt ov a theaytre wi' 'em, an' aw used to think it worn't reight to mak distinctions o' that sooart, but aw'm foarced to admit aw've changed mi noation, T' railway carriages in America are four times as big as they are at hooam, but when one went throo Detroit to Saginaw, two niggers wer quite enuff to smoor all t' passengers aght. Aw stud it t' longest o' onnybody, but at last aw wor foorced to let 'em have t' place to thersen. I' winter time ye dooan't feel it mich, but i' hot weather it's awful. They can pass as monny laws for equal rights as they like, but they'll nivver be able to carry 'em into practice.

Net long sin' two niggers went to a theayter, an' tewk tickets for t' boxes, an' when they'd getten set daan, ov coorse all t' ladies gate up an' went aght, an' soa t' manager sent raand an' ax'd 'em to leeav, an' goa into t' pairt o' t' haase 'at wor set apart for 'em, but they wodn't, soa he gave 'em the'r brass back, an' had 'em turned aght. T' next day they went to law abaat it, an' t' manager had to pay, for t' judge said they'd as mich right thear as anybody else soa long as they behaved thersen. When t' theayter oppened agean they managed to get some tickets, an' tewk the'r seeats i' t' box, an' t' place wor packed full o' fowk, when t' manager com i' t' front o' t' curtain an' sed unless they left ther'd be noa perform-ance, but ivverybody could get ther brass back as they went aght. T' audience went aght as orderly as if they wor leavin' a chapel, an' ther' worn't twenty fowk called for the'r brass back. But them two nig-gers have nivver been seen sin', an' t' theayter gooas on as usual.

Even t' waiters at t' hotels, altho' they lewk soa smart an' cleean i' the'r white jackets an' aprons, they willn't sleep thear at neet, for they'd rayther goa an' huddle ov a lump in a mucky hovel nor have a cleean an' comfortable bed. If they wor treated like cattle when they wor slaves they wor better treated nor they treat thersen. Aw could tell thi a deeal o' things abaat 'em 'at 'ud oppen thi een, but it wodn't lewk weel i' black an' white, an' aw've sed quite enuff already to run t' risk o' bein' set daan as a hard-hearted, unfeelin' brute, an' as long as fowk 'll tak' pleasure i' readin' accaants o' the'r noble qualities an' virtues, written for t' mooast pairt bi fowk 'at's nivver seen 'em, an' pin their faith to t' sleeves o' them 'at mak a livin' aght o' makkin' be-lieve to convert th' heathen, just soa long is it a waste

G

o' time for me or onnybody else to try to undeceive
'em for

> Faith, fanatic faith, once wedded fast
> To some dear falsehood, hugs it to the last.

Ananias is in an awful stew, for he's been tryin' to
get up another temperance oration, an' he finds it
willn't do, for ther's varry few fowk i' t' city at present
an' them 'at's here are all too fond ov a drop to tak
onny interest in it.   He says if he can get nowt else
to do he'll have to start an' write for t' newspapers.
Aw hooap he'll find summat befoor long, for if he
doesn't aw'm sewer aw cannot, for ther's hardly a sign
o' trade here.   He says if he can get another " good
pull "—that means another lot o' brass—'at he shall
goa back to England, an' tak' me with him, for a
chap cannot live o' Stars an' Stripes, an' " Yankee
Doodle " doesn't saand hauf as inspirin' when a chap's
belly's empty, an his pockets booasts nowt but a
couple o' keys an' a lump o' chalk.   An' if aw once
agean set mi fooit o' English graand, if ivver aw leave
it, it'll be in a balloon.

Aw nivver thowt 'at awst ha missed awr Mally an'
t' childer as mich as aw do ; an' if I can once mooar
get caard daan i' t' old arm cheer, wi' a pint o' hooam-
brewed o' t' hob, an' a bit o' gooid bacca i' mi pipe,
awst think twice befoor aw leeav it.   Aw'm getten a
sooart o' hooam-sick, an' noa wonder, for aw'm older
nah nor aw wor once, an' aw'm beginnin' to find it

aght 'at "Tho' it's ever so humble ther's noa place like hooam."

Ananias says he's made up his mind to goa to Baltimore an' try his luck theer, an' then to Pittsburgh, an' after that, " Hooray for old England."

Believe me,

Longing for hooam,

SAMMYWELL GRIMES.

P.S.—Aw've been tryin' to grow a mustash, to give me a sooart ov a foreign lewk, but all t' hairs grew straight aght, an' lewkt like a lot o' card teeth, an' two or three kept twistin' up an' ticklin' mi nooas, makkin' mi sneeze, wol aw wor foorced to cut it off for fear o' chuckin mi neck aght.

LETTER No. 9.

ON BOOARD "T' BOWTWIT," PHILADELPHIA.

JOHN JONES SMITH, Esq.—Dear Sir.—Tha mun excuse me, but t' fact is aw darn't begin this letter wi' "Dear Smith," for aw allus fan thi to be a varry cheap Smith, an' it wod'nt be reight to say "Friend Smith" when aw feel misen, as aw do nah, friendless an' forsaken.

We com to Baltimore, an' aw did think 'at we wor gooin to hev a bit o' better luck. As sooin as we landed, Ananias marched me off to a hotel, an' aw saw him write his name an' mine in a big book; an' he ordered breykfast for two an' ax'd what time dinner wor served. We wor shown into a big empty raam, an' in a bit a chap com an put on t' table cover an' t' plates and knives an' forks, an' then moashund for Ananias an' began whisperin' to him, an' they booath went aght. Aw didn't hear a word at wor sed, but aw'd an idea at all worn't reight; but as aw wor i' that position 'at aw could nawther help misen nor onybody else aw pooled a time-table aght o' mi pocket, an' although aw'd ommost leearnd it off bi heart aw began to read it ovver agean. It worn't long befoor Ananias com back an' made a moashun for me to follow him, which aw did in a hurry; an' when aw'd getten aghtside he sed, " Guess you feel inclined to peck a little ?"

" Well," aw says, "a bit o' summat to eyt wodn't come amiss, but aw can wait a minnit or two."

" Bully for you," he sed, " I'm just a kind o' play'd out; but how much stamps have you got ?"

" Aw've getten now't but a ten-cent shin plaister," aw says.

" That's plenty for the present; we shall have to breakfast at a free lunch counter."

" Why, aw thowt tha'd ordered a breakfast at yond shop; wodn't he trust us ?"

" Nary a cent, he's too smart. Can't put the blinkers onto him; we've got to look lively now, I reckon."

" I doonot know abaat lewkin'; but aw do know 'at aw shalln't feel varry lively if aw have to live all t' day on a free lunch, for mi heart's allus t' leetest when mi stummack 's t' heaviest. But wodn't yond chap trust a day or two's booard on t' strength ov us boxes ?"

" Perhaps he might if he could see the boxes: but unfortunately those boxes are not likely to be visible just yet, for the hotel keeper at Washington took such a fancy for them as soon as he discovered that it was inconvenient for me to pay his little bill, that I couldn't persuade him to part; but they're all right and safe, and I know you don't like to be troubled with a lot of baggage, or you wouldn't have left home without."

Tha can't think hah mad aw wor when aw gate to knaw 'at all mi bits o' duds wor i' pop; for it wor t' same as havin' 'em i' pop: an' aw put mi hand i' mi pocket an' pooled aght mi ten cents, an aw says "nah, leuk here, tha's gettin mi clooas an' tha can tak' mi brass, an' if aw nivver see one nor t' other on yo agean aw'st be thankful."

"Draw it mild," he sed, as he teuk it, "we arn't broke yet."

"If we arn't brokken aw think we're crackt, an' that's ommost as ill,—but what are we to do?"

"Look 'ee here," he sed, an' aw could see in a minnit 'at he'd getten another gooid thing,—"we can't drink five-cent whisky, it isn't suited to our delicate constitutions; therefore this money is only sufficient to purchase one drink. One drink means one free lunch, and that means that one of us would have to be very abstemious—and I don't think that would do very well."

"It just depends which one it is," aw sed.

"Guess we'll have to do a trade:—follow me"— an' away he went at full speed up one street an' daan another till at last he coom to a little bit ov a wooden shanty full o' rags an' booans an' old glass bottles, an' he rooited abaat till he fan a little bottle 'at suited him, an' he ax'd t' chap how mich it wor.

" Two cents," he sed ; soa he turned to me an' sed,
"give the man two cents for me," when he knew
varry weel 'at aw hadn't owt; an' aw wor just
gooin' to let him have a bit o' mi' mind, when he said,
" Oh, don't trouble," an' he pool'd aght ov his
pocket a free pass for a temperance oration, an'
handed it to t' chap, an' he seem'd as pleased wi' it
as if it had been a dollar bill ; an' Ananias hurried
off wi' his bottle befoor t' chap had time to find aght
'at it wor for one at Buffalo, 'at had takken place a
month sin'

Aw didn't know what he wor gooin' to do, an' aw
wor too mad to ax ; but he stopt at t' furst little
saloon he com to, an' called for five cents' worth o'
whisky, an' teemed it into t' bottle an' put it in his
pocket. T'next saloon we came to he went in, tellin'
me to follo in abaat five minnits, an' he gave me t'
other five cents to spend.   Aw didn't wait varry long,
an' when aw went in aw saw he wor tawkin' to t'land-
lord, an' he'd a lot o' glasses an' bottles i' t' front on
him, an' aw sooin fan aght 'at he wor tryin' to pur-
suade him to give him an order for a lot o' whisky like
his sample.   He wor varry anxious to find aght t'
qualities o' t' whiskies 'at t' chap wor used to sell, an'
aw'm sewer if he drank one glass he drank hauf-a-
duzzen ; an' then he kept turnin' to me, an' axin me
what my opinion wor, wol aw'm feeard aw couldn't
exactly tell hah monny landlords ther' wor an' even
Ananias hissen seem'd to be in a mist.   Ther' wor

plenty o' breead an' cheese an' some liver an' bacon on t' caanter, an' aw didn't spare it, an' Ananias kept puttin' one chunk after another aght o' t' seet wol he wor ommost too stiff to bend.   He didn't manage to get an order, but we did booath manage to get a belly full.

When we com' aght he wor a different man altogether, ye'd ha' thowt he own'd one hauf o' Baltimore at t' varry leeast.   We hadn't a cent left, but we walk'd abaat lewkin at t' buildins an' monuments as if we'd getten a fortun.   T' new City Hall is a rare buildin', an aw should think it'll be big enuff for Baltimore when Baltimore's ten times as big as it is. Ther's a rare Park, an' a famous lot o' shippin', an' it seems to be a varry lively place, an' ther's a lot o' places ov amusement an' three furstrate public-raams. Ananias left me i' t' Park, an' tell'd me to wait wol he com back, an' aw did wait for aw'd nowhear else to goa, an' it wor ommost dark when he com back, but aw could see bi' t' way he com swaggerin' up 'at he'd dropt in for summat.

"It's all right," he sed, "come along," an' as we wor walkin' he showed me a bill at he'd been gettin' printed, an' tell'd me 'at he'd getten a hall an' wor gooin' to give another lectur.   He walk't me into a fine temperance hotel i' Fayette Street, wheer he sed he'd takken raams for us, an' a nigger went to show me whear mine wor.   T' prospect of a square meal an' a comfortable bed made me ommost forgive him for what he'd done, an' when we sat daan to supper we wor booath i' better spirits. T' landlord made a gurt fuss on us, an' ax'd us to have a cigar wi' him, which we had, an' when aw went to bed aw felt as comfortable as ivver aw did i' mi life, except for wonderin' hah it 'ud all end.

We stopt thear for three days, an' lived like feightin' cocks, an' Ananias generally managed to have a drop o' summat comfortin' for us to goa to bed on. Hah he gate it aw'm net suppooased to know; if he bowt it aw'm sewer he didn't pay for it, for we couldn't raise as mich as 'ud buy a paper collar, 'an we had to chalk t' owd uns to mak' 'em lewk clean. T' time com for t' lectur, an aw wor stuck i' t' little office to sell tickets. Ther' wor a band o' music playin' aghtside, an' fowk roll'd in. T' place wor sooin crammed full, but aw kept on sellin' tickets, an' ivvery dollar bill aw put i' mi pocket made me feel as if aw wor a bit nearer hooam. What sooart ov a lectur' it wor aw cannot tell, for aw nivver heard a word on it, but it must ha' been gooid, for all t' fowk 'at coom aght went straight across t' rooad into a saloon to get summat t' sup—teetotal stuff aw expect. After payin' for t' hall, an' t' band, an' t' printer, an' t' bill-sticker, aw'd still a rare roll o' bills left, an' we went to bed that neet rejoicin'

After payin' t' bill next mornin' Ananias sent off as mich brass to Washington as made that chap all reight, an' tell'd him to send t'boxes on to Pittsburgh,

an' we teuk tickets an' wor sooin on us way thear;
for aw believe he wor just as anxious to mak' as mich
brass as wo'd get us hooam, as aw wor to be off.

When we landed it wor varry little we had left,
but it lasted aght a gooid deal better nor it had done
formerly, for Ananias seldom spent a cent. It didn't
tak' long to get a hall engaged an' a lot o' bills stuck
up, an' aw wor sooin pradin' t' streets as a sandwich
agean. It's altogether different to onny place aw'd
seen i' t' country, for it's as smooky an' as mucky as
Low Moor—nay, it's a deeal war. It's a big place,
moor nor twice as big as Bradford, and t' ironworks
are big enuff to put Low Moor inside. Ther's a grand
wide river, and two o' t' finest bridges aw've ivver
seen, an' t' Alleghany Mountains luk grand, but aw
can't say aw should mich fancy havin' a ride i' t' rail-
way 'at runs up t' hill side, an's ommost as steep as a
haase-side. But it felt moor like hooam to me ner
onny other place we'd been to, for ther' wor onny
amaant o' Yorkshire an' Lancashire fowk to be met
wi', an' they wor just dressed t' same as ye see 'em
i' Stannin'ly, an' they shayl abaat t' streets i' lots ov
abaat a duzzen, wi' ther' hands i' ther' pockets an'
short pipes i' ther' maaths, an' allus two or three
dogs follahin' 'em. They're a rough lot, an' varry
mich given to drink. Altho' ther's plenty o' poleece,
yet deacent fowk hardly dare be aght o' door after
dark, for as t' trade's ommost at a standstill an' varry
little brass stirrin' they'll stop onnybody if they think

they can awther cooax or terrify 'em aght o' t' price o' some drink. Ther's some deacent, steady chaps 'at they could get to put in a full wick nah an' agean, but they darn't do it even if t' maisters want 'em, for if they did it's a hundred to one if they'd ivver reitch ther' hooams alive. T' roughs have it i' ther' own hands, an' whearivver that's t' case, t' honest hard-workers have to suffer.

Ananias worked like a brick day an' neet, an' aw trailed up an' daan wol aw wor fair fit to drop, yet aw felt varry little faith in it; but aw nivver let him see 'at aw wor daan abaat it. When t' neet came, aw could see he wor varry fidgitty an' narvous, an' ther wor varry few words spokken between us.

Aw tuk mi place i'th' ticket office an' wor gettin' ready to start, when a chap coom an' stud fair anent th' door an' started singin' " Change is our portion here," it may be aw thowt, but if it is ther's som'dy gettin' my portion as weel as ther' own for its some time sin aw'd change for a shillin' at aw could call mi own. In a bit in comes a chap wi a ticket in his hand an' says " Cataract," an' walk's forrad. Well, aw thowt he must be a chap 'at has summat to do wi' t' place, or else may be Ananias has gien him a ticket. As aw wor studdyin' it ovver, aw saw another chap gooin in an' aw shaats " Howd on! this way for tickets," he turns raand an' says " Cataract" an' then walked forrad withaat payin' Aw sat thear hauf an' haar an' aw did manage to sell abaat a duzzen tickets but for ivvery one 'at went in with a ticket, ther' wor two went in on " Cataract" an' aw wor anxiously waitin' for Ananias to know what it all ment. When he coom aw tell'd him, an' he wor ommost as fast among it as me, but as we wer' tawkin'. in comes another " Cataract." Ananias plants hissen i'th' door-hoil an' says : " Friend, I guess this ' Cataract' is runnin' a little too strong—jist inform me where he hangs out, or who he travels for ?"

The " Cataract," sir, says this chap, straightenin' hissen up, "the " Cataract," sir, is the most powerful organ in the United States," and I having heard of your fame as a lecturer, have come this evening in the capacity of reporter, to insure a just and comprehensive notice of your convincing eloquence for our next issue !—" " Pass on," says Ananias, an' he follerd him. As aw wor peepin' in at th' door to see what sooart ov an audience ther' seemed to be, aw heeard th' lecturer start " Gentlemen, it is my purpose this evening to speak to you on the evils arising from the use of strong drink, and the good to be derived from the use of cold water—but I would premise that it is possible to have too much of a good thing. Water is good when used in moderation, but when you find yourself swamped beneath a " Cataract" you are apt to consider it too thin." Aw saw th' chaps begin lukkin' 'at one another, an' in a bit one gets up an' hands to him th' price of his ticket, then another an' another did soa, till at last aw dooant think ther' wor moor nor hauf a duzzen repoorters at had'nt paid. It gate ovver at last an' it did'nt amaant to mich. Still it wor better nor aw'd thowt it wo'd be, an' when it wor all ovver an' ivverything squared up ther' wor a few dollars left; but Old England seem'd as far off as ivver.

Next morning Ananias leukt varry solid, 'an he tell'd me he'd made up his mind to goa back to Philadelphia. Aw nivver ax'd him what for, ner what he meant to do when he gate thear, for one place wor as gooid as another to me. One thowt wor i' mi mind throo morn to neet, an' whatever aw heeard or saw, it allus faded away an' left mi hooam an' Mally an' t' childer. They seem'd to fill mi heart an' all mi desire wor to be wi' 'em once agean. Aw couldn't help thinkin' to misen what a thing it 'ud be if when aw did get hooam ther' should be one missin', if owt should ha' happened to Mally, an' me net been thear; or one o' t' childer had whispered mi name as they tossed on a sick bed and me net thear to comfort 'em. Ivvery day seem'd a wick, till at last aw'd noa relish for strange seets, 'an it wor a trouble to swallow mi meyt or mi drink.

We gate to Philadelphia, but aw'd noa heart to walk abaat t' streets. T' marble buildin's wor like tomb-stooans to me whear all mi happiness wor buried. Aw saw verry little o' Ananias an' heeard less, an' he lewkt soa careworn an' sorrowful, wol aw could'nt find i' mi heart to say owt to him for fear it 'ud mak' him war. One neet he'd been aght rayther lat', an' aw'd gooan to bed an' wor just droppin' off to sleep, when t' saand ov his voice roused me up; an' aw wor just gooin' to turn ovver an' bury mi heead under t' clooas when aw heeard him singin', an' aw jumpt straight up i' bed as if aw'd been shot. It worn't 'at ther' wor owt soa varry wonderful abaat him singin' when he wor gooin' to bed, but it wor *what* he wor singin'—" Rule Britannia, Britannia rules the waves," an' befoor aw could jump into mi britches he wor singin' " T' red, white and blue," an' aw ran daan t' stairs, three steps at a time, an, just landed wi' mi heead in his stummack an' knockt t'wind aght on him as he wor startin' " God save the Queen."

Aw felt sewer he'd been lucky, an' getten some brass somewhear: an' to tell t' truth, although aw'm a rayther partic'lar sooart of a chap aw dooan't think aw should ivver ha' trubbled to ax him whear he'd getten it, if aw could nobbut get pairt on it. Aw had to wait wol he gate his puff, an' then he tell'd me 'at he'd seen a captain an' agreed to goa with him as a steward, an' he'd to be on booard next mornin', for t' ship sailed t' followin' day.

"But what's to come o' me," aw says.

"Oh, I've made that all right. You have to assist me, and help to wash the deck and serve out the food, and all that sort of thing. You won't mind that?"

"Mind it! awst think misen t' luckiest chap on that ship; an' if we get safe back hooam thah shall have t' best o' owt ther' is i' awr haase—that is, if ther' is a haase 'at belengs to me when aw get back; an' aw'll tell awr Mally an' ivverybody else 'at tha'rt t' best trump aw ivver met i' mi life."

It wor noa use gooin' to bed that neet, an' we sat an' tawkt an' smooked, an' gate us boxes ready for off; an' aw thowt t' time for startin' 'ud nivver come. But it did come at last, an' away we went to t' Christian Wharf; an' on booard we went, an' here we are. Aw coom aght on t' *Mary Jane;* but aw'm comin' hooam on t' *Bowlwit,* an' t' next letter tha has throo me willn't have a Yankee pooast mark. Ay, lad, aw am fain! Tell yar Arrybella, an' besewer tha let's awr Mally knaw.

A few days moor, an' then tha'll see

SAMMYWELL GRIMES

in his own Countree.

LETTER No. 10.

Nameless Fold, Silsbridge Loin,
Bradford.

FELLOW-COUNTRYMAN SMITH,—

Aw've getten back agean. Bradford mayn't feel mich better for me, but aw feel a thunderin' seet better for Bradford. Tha'll nivver catch me o' sich a wrang-heeaded earand agean as long as my name's Sammywell. What aw've gooan throo 'ud be hard to tell, but what's gooan throo me noa mortal man could tell. Aw'd nivver ha written thi this letter if aw hadn't promised, for aw feel as if ther's nowt awst like as weel as to forget all abaat it. "A rollin' stooan gethers noa moss" an' "A sittin' hen lays noa eggs." Noa daat booath them sayins is true, but "t' sittin' hen" has t' best time o' it.

Well, aw mun tell thi ha Ananias an' me gate on durin' t' voyage, an' aw dar say tha'll like to know ha aw fan Mally an' t' childer. Ther wor a rare lot o' passengers, an' a seedy lewkin craad they wor. Ananias had a deeal to do, but he seemed to have a better knack nor me, for he managed to do it, an' withaat mich trouble, but aw must say aw'd nivver been as fast i' mi life—aw could ha managed pratty weel if

aw'd nobbut had one maister; but ivvery man, wo-
man, an' child seem'd to think 'at they'd a reight to
order me up an' daan. When they wor all i' bed aw
had to goa daan on mi marrow booans to wesh an'
scrub, an' when they wor up it wor as mich as ivver
aw could do to follow 'em; an' whativver aw did aw
gate noa thanks. Ananias tewk care 'at aw should
have plenty to eyt an' drink, but aw'd noa relish for
it, an' all aw long'd for wor two or three haars' sleep.
T' sailors wor a deeal better off nor me, for they
knew what they had to do, an' when it wor done; but
ther' wor noa rest for me. Ther' wor varry little
drinkin' ameng t' passengers, an' aw should think bi
t' lewk on 'em 'at ther' warn't monny 'at had t' price
ov a couple o' bottles wi' 'em. Aw caanted ivvery day
as it passed, an' thank'd Gooidness 'at aw wor a day's
ride nearer hooam. Throo leavin' Philadelphia to
gettin' to Liverpool ther' wor hardly owt happened
'at wor worth mentionin', for it wor like sailin' on a
miln dam. We'd noa storms an' noa accidents, an'
altho' it wor t' longest eleven days aw'd ivver known
i' mi life it gate ovver at last.

Aw've seen a gooid deeal o' things i' mi time, but
aw nivver saw owt 'at set mi heart beatin' as t' seet o'
t' first bit o' solid graand 'at aw could call hooam; an'
aw nivver felt as mich prepared to dee as aw did
when aw planted mi feet o' t' soil o' old England.
Aw believe aw should ha' cuddled t' custom-haase

H

officers if aw hadn't been feeard o' havin' to pay
duty. It wor twelve o'clock at neet when we landed,
an' after puttin' mi box in a safe place, aw set off for
a walk abaat t' streets wol mornin', for Ananias had
to stop on booard all neet, an' aw hadn't as mich as
'ud pay for a bed, an' if aw'd had it 'ud ha' been
thrown away, for aw'm sewer aw shouldn't ha' slept.
It began to rain, an' aw'd noa umbrella, but aw didn't
care, for aw knew it wor English rain, an' it wor a
treeat even to be wet throo wi' it. Dayleet began to
creep on in in a bit, an' altho' aw must say aw thowt
t' streets lewkt rayther narrow, an' t' buildin's dingier
nor aw'd expected to find 'em, an' t' fowk 'at aw met
wor war donned an' moor slovenly nor what aw'd get-
ten used to see in America, yet aw could say throo t'
bottom o' mi heart, "England, with all thy faults, I
love thee still."

At nine o'clock aw went t' landin' stage, an' fan
Ananias waitin' for me, an' we went together to t' office
whear he had to draw his brass. Aw wor thankful 'at
he had it to draw, tho' he hadn't had as hard to wark
as me, an' aw gate nowt for mine. As sooin as he'a
getten it we went an' gate a beefsteak an' a pint o' ale
apiece, an' it tasted better nor owt aw'd tasted sin' aw
left hooam. Aw wor varry anxious to get hooam, an'
tried to entice Ananias to come wi' me, but he didn't
seem inclined, soa he lent me a sovereign, an promis-
ed to call to see me when he wor raand i' that pairt

lecturin'. Aw gate my box to t' station, an' he went wi' me to see mi off; an' tha may think aw'm soft when aw tell thi, but aw dooan't know 'at aw ivver felt it as hard wark to say gooid-bye to a chap i' mi life. Whativver faults he had, he'd been a gooid friend to me, an' aw felt as if it wor hardly reight to leeave him when aw considered ha he'd stuck to me. T' train started at last, an' altho' we nawther on us sed a word when we shook hands we thowt a lot. As nawther thee nor onybody else had come to meet me at Liverpool aw knew nowt ha things wor at hooam, an' a train nivver seem'd to creep on at such a slow rate befoor. Aw thowt we should nivver get to t' far end, an' aw can tell thi when we did, an' aw stud o' t' platform aw'd hard wark to mak' misen believe 'at aw'd ivver been away soa long. T' same pooarters wor wheelin' t' same trucks, t' same old bills wor stuck up i' t' same owd places; one or two chaps nodded at me just t' same as if they'd seen mi t' day befoor, an' after puttin' my box i' t' left luggage office aw started for hooam. T' Taan Hall wor chimin' t' same old tunes, t' same muck seem'd be i' t' gutters, an' t' same ponds o' watter i' t' streets. Aw'd been varry anxious to get hooam, but as aw gate nearer aw began to slacken mi speed, for aw didn't feel varry sewer whether aw should be made welcome or net. Just as aw'd getten to t' yard end who should aw see but ahr Hebsibah stood aght side nursin' a little bab-by, an' as sooin as shoo saw me shoo held it up an'

sed, "Lewk at thi grondad, doy!"   That wor all 'at
wor wanted to put aght t' last spark o' youthful frolic
'at wor left.   Aw'd oft wondered what they'd mak' on
mi when aw gate back, an' monny a scoor o' times
had aw wondered what they wor doin' when aw wor
away; but aw'd nivver thowt 'at they'd mak a gron-
fayther on me.

"Why, tha doesn't mean to tell me 'at tha's getten
wed, does ta?"

"For sewer aw have, an' ahr Ezra too; an' if ye'd
stopt mich longer mi mother'd ha' been lewkin aght
for a fresh un."

Aw went inside, an' thear wor Mally, lewkin' older
an' moor careworn nor when aw left her, but t' same
Mally still.   Aw tried to say summat, but a little bit
o' phlegm stuck at top o' mi throit, an' aw could get
nowt aght.   Shoo picked up t' pooaker wi' one hand
an' began to scale t' fire, an' wi' t' other shoo kept
wipin' her nooas wi' her apron, as if shoo'd getten a
varry bad cowd; an' mi een wattered a gooid bit.
Hebsibah ran aght to tell t' neighbours 'at aw'd come
back, an' when we wor bi us sen Mally turned raand
an' sed,

"It's ta'en thi a long time to get that cheese an'
breead an' drop o' home-brewed."

Aw wo'd tell thi what aw sed, but aw'm sewer aw
dooan't know; but aw do know this, 'at in a varry

few minits all wor forgi'en if it worn't forgetten, an'
aw wondered ha' it wor possible at aw could ha' had
sich a gooid wife for soa monny year an' nivver ha'
fun it aght till then. Aw wish tha could ha' been wi'
us that neet! Tha nivver saw sich a hoilful i' thi
life. Ther' wor Hebsibah an' her husband—a varry
nice young chap he is, too; an' Ezra an' his wife—
awr Ezra wor allus one 'at wanted a lot for his brass,
an' he's getten a wife varry near twice as big as his-
sen; an' then ther' wor Ike—he is set up i' t' corner
wi' one o' t' neighbour's lasses, an' aw expect he'll be
gooin' an' dooin' t' same as t'others has done. An'
Mally'd getten a cleean white cap on, an' t' same
bombazine gaan 'at shoo wor wed in, an' 'at aw'd
nivver been able to perswade her to wear, shoo wor
soa feeard o' spoilin' it; an' ther' wor abaat a duzzen
men an' wimmen 'at wor awther fathers or mothers,
or uncles or aunts, to Hepsibah's husband or
Ezra's wife. An' then ther wor me, set like a king,
smookin' a long clay pipe, an' a pot o' hooam-brewed
at t' hob end; an aw can tell thi this mich, 'at if
they'd ha' made me t' President o' t' United States if
aw'd ha' gooan back, they couldn't ha' getten me to
stir a yard.

When they'd all gooan hooam or getten to bed,
Mally began to ax me if aw didn't feel 'shamed o'
misen, an' aw knew aw wor gooin' to get it hot at
last, soa aw says,

"It's all true what tha'rt gooin' to say, an' aw desarve twice as mich as aw'm likely to get, an' tha knows aw've been a fooil all t' days o' mi life, for tha's tell'd me soa monny a thaasand times, an' if it hadn't been for thee awst ha' been i' t' bastile long sin, soa tha can save thisen t' trouble o' tellin' me ony moor abaat it; an' as it's getten lat', an' aw'd noa sleep last neet, aw think we couldn't do better nor goa to bed."

"Well," shoo sed, "aw think aw mud as weel save mi wind, for tha wor a fooil at t' beginnin, an' aw expect tha'll be a fooil to t' end; but t' next time 'at tha thinks o' gooin' away for a year or two just let a body know. But aw think bi t' lewk o' thi face 'at tha'll sattle daan in a bit; for tha doesn't lewk ony younger nor tha did, an' if thi mind nivver gets ony older tha'll find thi body will."

"Ne'er heed, old lass," aw sed, "we'll be content to grow old together, an' when owt happens thee——"

"Dooan't tawk abaat what tha'll do when owt happens me, for awst live to see thee aght yet."

Aw wor rare an' pleased to see 'at shoo'd a bit o' t' owd pluck left, an' we went to bed, an' when aw wakken'd next mornin' an' lewkt raand at t' raam aw knew soa weel, aw felt as if aw'd had a long an' uneasy dream, an' aw wor thankful at aw wor whear aw wor.

Awst have to begin a lewkin' aght for a job o' some sooart in a bit, an' aw hoap it'll be summat better nor unloadenin' trucks or makkin' misen into a walkin' advertisement. Tha mun be sewer an' come ovver to see us befoor long, an' bring Arrybella, an' we'll do us best to mak ye comfortable. Aw've had mi frolic an' it's a gooid job 'at it's ended as weel as it has. America's a big country, an' a fine country, too, but it'll be a long time befoor it can offer a chap as monny advantages as he finds at hooam. T' men are free, t' wimmen are forrad, an' t' childer are born wi' as mich cheek as the'r fathers. Trade's bad, brass is hard to get hold on; a cheeat is called "smart," an' a honest man's a "duffer." Ye see less drunkenness, but ther's a deal more drinkin' Equality's a name an' "fraternity" a lie. Ivverybody seems i' sich a hurry to grow rich 'at they havn't time to consider whether they're usin' honest means. T' Bible seems to be t' book they know t' least abaat, an' whear infidelity hasn't getten possession, spirit-rappin' is preparin' a way for it. In a Boston newspaper aw noaticed 'at aght o' twenty advertisements o' Sunday sarvices, fourteen wor for Spiritualists. Ther's nowt they seem to pride thersen as mich abaat (net all, but t' mooast) as "freedom o' thowt;"—an' that meeans noa Bible—an' "freedom o' government"—an' that meeans noa Queen. They're welcome to the'r own ideas, but aw'd rayther keep as aw am, an' pin my faith to 'em booath.

I own there's charms in foreign lands,
  That England cannot boast ;
But can their beauties make amends,
  For what the exile's lost ?
The sense of sweet security,
  Is nowhere found I ween ;
As in the land that takes its stand,
  On its Bible and its Queen.

Bright suns may shine, rich plants may grow,
  Enchanting scenes abound,—
The heavens with gorgeous tints may glow,
  And gems bestrew the ground ;
But when the heart's encompassed all,
  That may be heard or seen ;
It turns once more to England's shore,
  Its Bible and its Queen.

The birthright that is dear to me,
  Let others treat with scorn ;
I deem it precious privilege
  To be a Briton born.
And honest pride o'erflowed my heart,
  Wherever I have been ;
To own the land where people love
  Their Bible and their Queen.

Then here's to England,—dearer far
  Than any spot on earth ;
Where Justice makes her dwelling place,
  And Freedom takes her birth.

What though the skies may be less bright,
    Our hills and dales are green,
And where we're blest with what is best,
    Our Bible and our Queen.

Still, America's a glorious country an' all its faults are due to th' fowk 'at's in it.

Give Arrybella my best respects an' believe me to be,

      SAMMYWELL GRIMES,

          A Hooam Bird.

W. NICHOLSON AND SONS, PRINTERS, WAKEFIELD.

www.ingramcontent.com/pod-product-compliance
Lightning Source LLC
Chambersburg PA
CBHW020758020726
47495CB00008B/2486